愛のヨガ

R. V. アーバン 著
片桐ユズル 訳

野草社

献辞

カリフォルニア州モンテレー郡高等裁判所判事
ヘンリー・G・ジョーゲンセン
　　に本書を捧ぐ

四十五年にわたる職業生活において、わたしは心理学上の相談相手として多くの裁判官とともにしごとをしてきたが、これほど人間的で、これほど広い社会的視野をもったひとは、ジョーゲンセン判事をおいて無かった。

まえがき

一九一六年二月、わたしはシリアのダマスカスにいて、ちょうどトルコ軍の士官といっしょに昼食をすませたときに、若い方がおあいしたいとのことです、といわれた。

一週間まえに彼は、美しいアラブの少女と結婚した。ふたりは情熱的に愛しあっていた。そのふたりのあいだでおこったことが、あまりにもけたはずれなので、専門家のわたしにぜひ報告しなければならぬと、彼はかけつけたのだ。その話は第五章にある。

その後、二週間、新婚のふたりは、わたしのすすめで一連の実験をくりかえし、そのおどろくべき結果は、性交のしくみについて画期的に新しい見方をする土台となるようなものであった。

はじめわたしはこのアラブ人のカップルは特別な例だとおもった。しかし後になって似たような現象がエジプト人のカップルによって報告され、さらに一九三七年四月、わたしが北京にいたときには、中国人のカップルによって報告された。これらの経験と、未開人たちのタブーや性習慣についてのわたしの観察とをあわせると、これは人間の性関係について、ふつうは知られていないが、きわめて重要な発見であるという確信をもつにいたった。これらの要素は結婚の幸福と持続に欠くことのできないものである。

さらに研究と熟考をかさねたのち、わたしは結論を、人間の性関係についての六カ条としてまとめ、それは何十人もの欧米人のカップルに応用して満足すべき成果をおさめた。

いままでわたしはこれらの発見を、わたしの直接の関係とか、法廷で離婚をもとめる夫婦を和解させるため以外には、だれにもおしえなかった。わたしの葛藤はこうであった――これらのカップルをわたしの科学的証明の実例として使うことができないのはあきらかだ。しかし、そのような実例なしでは、科学は、それらの発見がどれほど役に立ち説得力があろうとも、受けいれることはできない。かつて、一九三三年五月に、ギリシャのアテネで行なった性科学についての一連の講演において、わたしはこれら人間の性関係についての新発見について触れたことがあるが、懐疑的にしか受けとられなかった。

時代は変わった。一九三八年九月サンフランシスコでのカリフォルニア大学主催の神経精神医学会議で、わたしは一見治療不可能な、いくつかの症状がかさなりあっている患者を、ただ性関係を改善しただけで治してしまえることを証明することができた。招待されて、のちにわたしはこの事例をリーランド・スタンフォード大学の医学者のあつまりでもくりかえし報告した。

過去九年間のあいだに多くの発見がなされ、わたしの経験を支持し、科学的説明をあたえるような事実があきらかにされてきた。というわけで、いまやわたしは権利、というよりも義務として、わたしの発見を公刊し、人間の性関係の健康と幸福を達成するための方法についての知識を、もっとひろめることにした。

これらの主題については、解剖学、生理学、生物学、性心理学における情報が、最近の莫大な出版物に山積みされているが、実際的見地からすれば、役に立たないことは証明ずみである。つまりそれらはふつうの男女にとって満足的性生活をさせることができなかった。そうでなければ、わが国の離婚率が現在のような憂うべき高率に達したはずはないのである。

さらに、わたしがわかってほしいことは、幼少期や思春期の性衝動が正しく導かれ、軽薄さや神経症の袋小路をさけるよう助けられる必要があるということだ。成人における、これら感情的未成熟のあらわれこそ、洗練された性生活にとって最大の敵である。この重要な問題の実践的解決への努力として、たしかな性教育に必要な段階を順を追って示すことにより、現在の落としめられた状態から性の問題を救い出すことが、本書の最終目的である。

医学博士ルドルフ・フォン・アーバン
カリフォルニア州カーメルにて。一九四八年一一月

愛のヨガ　目次

目次——愛のヨガ

第一章　序説

多くの男たちは、どうやって自分の性的本能を満足させたらいいのか、その方法はわかっているから、何をすべきで何をすべきでないか、などということを教えてもらう必要はない、と思いこんでいる。性的にリラックスできないとしたら、その責任は主に相手が満足に反応してくれないところにある、というのが彼らの考えなのだ。そう思いこんでいる人に「この状態を解決して、奥さんのなかにある神経症的な抵抗らしきものをとくのはあなたのしごとなんですよ」というと、その人たちは、ぶ然とした面もちでわたしの相談室を出て行き、二度と来ることはなかった。精神的に成熟していないおとなにとって、セックスでうまくないと思われることほど傷つけられることはない。そういうひとには、精力があることは（ホントにあるのかもしれないが）これすなわち「性の達人」であることになる。そういう男は妻の眼の前で屈辱をうけたと思いこむと、性的満足が得られなかった原因のすべては妻の不感症にあると診断してくれる心理学者をさがしはじめる。ふつう、このての男は、自分が損していることにさえ気づかない。射精の満足があれば彼の念願は達せられたと思いこみ、性体験のなかで最高の恍惚感や幸福感を味わえるかなめの部分を逃がしているのだ。

「わたしが一生懸命やっているのに、妻が反応してくれないんです。どうしたらいいんでしょう」

という質問を、わたしは何度もうけてきた。

後の章で述べる性的な結合を全うするための六カ条のひとつにも従えない男が、女性の不感症をなんとかできるはずはないだろう。

妻がセックスに未経験であってもふしぎはない。あるいはあやまった経験をしているかもしれない。

セックスに対する敵意で抑圧されていたり、教育のおかげで、まちがった考えを吹きこまれていることもあるだろう。しかし、男性の側が第一歩から正しいやり方で接し、女性がそのひとを愛しているならば、幸福へのとびらは驚くほど短いあいだにひらかれるものだ。しかし、これができるためには、男性が情緒的におとなになっていなければならない。情緒的に未成熟の男は、セックスをするたびに妻の不感症をおしすすめるだけだ。このようにして多くの女性は、すべての性的な体験を避けるようになり、嫌悪感なしでは、セックスについて語りあったり、読んだりすることさえもできなくなってしまう。そういう女性たちのセックスに対するイメージは、理屈ぬきに不愉快で、汚ならしく、いまわしいものになっている。性行為のたびに緊張するばかりで、眠れない夜をすごすばかりだ。時がたつにつれて、これはしかえしをしてやりたいという思いや、場合によっては憎しみへとふくれあがる。夫婦はたがいにうとましくなり、つぎの段階は、別居か離婚である。

性愛のすばらしさを楽しむことができない親は、セックスに対する敵意やにがい思いを自分の子どもたちに伝えてしまうので、同じような不幸がつぎの世代にも起こり、その世代の子どもたちの結婚がうまくいかないとすれば、そのまた孫の代の幸福までも台無しにすることになる。

子どもたちが影響をうけて、セックスに対して疑いや憎しみの気持ちをもつようになるとしたら、それはゆゆしきことだ。人間本能のなかでもとりわけ性的本能は生命力に直結して強力なものだから、抑圧したら悲劇的な結果をひき起こさないはずがない。性的本能がなくなれば、地球上の生命は消えてしまうだろう。だから、自然はその目的を達成するために、おそろしい力で後押ししてその要求の満足をもとめてくる——それは子どもの性質、とくに思春期の子どもの性格を一変させてしまうほどの力なのだ。運の悪いことには、ちょうどこの時期に、子どもたちは性的本能との耐えがたい葛藤のさなかに、なんの助けもなく放りだされている。母親が子どもたちに、妊娠、性病、社会的道徳的葛藤の恐怖を吹きこんで、性的本能を抑圧させることに成功したら、それは結果的には、子どもたちを神経症や倒錯、あるいは性的不能に追いこむことになるかもしれない。これら三つは、幸福な結婚の敵なのだ。

しかし、たとえば、性的に問題のある母親が子どもの性的衝動を抑圧することができず、子どもたちがすでに、反抗的に巣立ってしまっているとしたら、いったいどうなるだろう？　こういう子どもたちは、どんなに一生懸命、わいせつな本を読みあさったり、実験してみたり、セックスについてあからさまに、あるいはひそひそとうわさ話をしたりしても、正しいやり方を知ることはできそうもない。彼らは、ねじ曲がった、軽薄な方法でその知識を仕入れる。セックスはこうして、秘密と偽善にとりまかれた、汚ない冗談か、みだらで、禁じられた話題になるのだ。

こういう子どもたちがおとなになれば、彼ら自身の親とおなじく不幸な結婚をくりかえし、その失敗の結果は不幸な子どもからの恨みというかたちで自分にもどってくる。というのは、子どもたちの内部に無意識の恨みがたまっていくからだ。子どもたちは親をありがたいとは思わない。親が惜しげもなく与えてくれたものは誤った愛であったので、自分たちは、人生のもっとも大切なときに手助けもしてもらえなかったばかりか、幸福を手に入れるじゃまをされたと感じるのだ。

こういうわけなので、子どもたちのために、母親は自分のセックスに対する敵意をとりのぞき、自分がつくりあげてきた、かたくななセックスについてのタブーを壊さなければならない。セックスを神からの呪いと考えている女性はまちがっている。それは神の祝福だ。彼女たちは、祝福などではなかったと主張する。きっとその通りだと思う。しかし、バイオリンも弾きかたを知らないひとの手にかかったら耐えがたい音を出す。しかし、大演奏家が同じ楽器を演奏すると、その結果は大ちがいになる。まずいのは楽器ではなく、弾き手だ。

たしかに現代の社会では、愛の芸術の達人が生まれるのはむずかしい。ほんのわずかなひとたちだけが、愛と性を芸術として洗練するために、手間と、ひまをかける価値があると認めているにすぎない。しかし、正しく理解をし、育て、練習をつむならば、それは、この上なく美しい世界を啓示することのできる芸術なのだ。

愛と性的幸福の芸術の原則には、複雑で科学的な内容が含まれている。この道で完成に到達することは、他の芸の道とおなじく容易なことではない。性生活を完成させるための原則をきちんと守るために必要な安定は、満足のできる健康な結婚で保証され、それが、結局、なごやかな家庭のメンバーとして必要な安定感を子どもたちに与えるということにもなるのだ。

だから、完全なセックスに達するためのルールを完全に学びとることは、大切なことである。若いうちに、第一歩から学んだほうが、年をとってから、しかたなく長くしみついた悪い癖をたたきなおしたり、新しい道——完成と幸福に至るただひとつの道——をみつけるために、ながく踏みなれた道をすてるよりは、ずっとやさしいにちがいない。

離婚訴訟の法廷で和解のための仕事をするわたしはこんな批判をよく耳にする。「でも、先生。あなたはセックスの役割を過大評価しています。結婚生活には、セックスよりもっと重要で次元の高い要素がいろいろあります。たとえば、主人とわたしにもっと共通のものがあり、いっしょの趣味を楽しむことができていたら、わたしたちの仲はうまくいき、離婚に至ることもなかったでしょう」

わたしは、セックスに関することが、世の中がわたしたちに与えてくれる他の経験にくらべて、次元が低いとする考えに反対である。たしかに、セックスは軽々しい取り扱いをうければ、他のどんなゆがめられた芸術よりも、いやらしく、汚ならしいものになりかねない。しかし、あなたはセックスの完成に到達したカップルにあったことがあるだろうか？　自分の性生活に、心から満足している女性の顔をじっくり見てみるといい。彼女はすっかりリラックスしているはずだ。こういう女性は、夫を心から愛している。この愛情が、彼女を魅力的にしているばかりでなく、良い資質をのばし、悪い部分をおさえる役割をはたすようだ。彼女にあっては、幸福感と善はひとつのものである。なぜなら、ごまかしたり、だましたりする卑劣さが、愛をしているひとの魂の中に存在するはずはない。こういう女性は、幸福をまきちらして、他のひとたちをも幸せにしたいと思うものだ。では、こんどは性的に不満のある女性の表情をみてみよう。にがい思いと憎しみと、いらいらの感情が、その容貌を固くしてしまっている。内面には地獄があり、まわりにも、地獄をつくりだしてしまうのだ。これでも、満ちたりた性生活が、結婚生活の調和にとって一番たいせつな要素であることを疑うことができるだろうか？

このことが、単に、わたしの個人的考えでないことは、婚姻問題をあつかう研究機関が発表している報告から知ることができる。これらの報告によれば、全離婚訴訟の九〇パーセントが家庭崩壊のほんとうの理由は、夫婦の性の不一致であるとしている。その他に、暴力、酒乱、浮気、よくばり、わがまま、などの不満があげられてはいるが、これらも結局は、性教育がなかったことからくる当然の現象にすぎないのだ。

一九三六年には、ヨーロッパの平均離婚率は、五パーセントでオーストラリア、カナダ、南アフリカ、中国よりも高かった。しかし、アメリカでは一〇パーセントをこえていた。一〇年のちの一九四六年、アメリカの離婚率は、おどろいたことに三七パーセントに達していた。しかし、これは、離婚を望んでいるカップルのほんの一部分をあらわしているにすぎない。婚姻関係がつづいているカップルの、二、三組に一組は、離婚を望んではいるが、道徳的圧力、子ども、経済的な問題のために、思いとどまっているのだ。このような事実により、わが国では、一〇〇組の夫婦のうち九〇組が不満な状態にあるというおどろくべき結論にゆきつく。

われわれは、今日の結婚の失敗が、今後の二〇年間に、どんな破局をひき起こすことになるのかよく考えてみなければならない。崩壊した家庭の子どもは、とかく非行、心身症、精神障害、性的倒錯などに流れやすく、ひいては、性的不能、不感症、アルコール中毒、犯罪、売春などに結びついていく恐れがあることを心にとめておく必要がある。だから、よりよい結婚生活を築きあげる努力は、病院や、保護施設、更生施設、刑務所などに対する、何十億ドルもの予算の節約になるばかりか、もっと重要な点は、家庭内の対立にエネルギーを消耗してしまうかわりに、もっと成熟した、幸福で、健康なアメリカ人をふやすことになるのである。

性の不一致だけが家庭不和の原因でないことも事実である。性格のちがいや、生活習慣のちがいもその要因になる。しかし、わたしは「一般に、性的一致はほかのすべての要素の一致による」というアムラム・シャインフェルドの意見に反対である。それは、まったく逆か、せいぜいどっちもどっち、というところだろう。というのも、性格のちがいは、ひとたびカップルが性生活の完成というゴールにたどり着いたならば、不和を生みだす原因にはならない程度の、副次的なものであるからだ。

単純にかたづけすぎると思われるかもしれないので、もう少し説明してみよう。前にもいったように、性生活の完成は、ほかのいろいろな芸術の完成と同様に、至難の業である。それだけでなく、ある種の性質を自分のものにしていなければ、けっして到達することはできない。この性質とは主に、自分中心でないこと、正直であること、信頼できる人格であること、情緒的におとなになっていることなどである。ということの意味は、受ける状態から、与える状態へ発達しているということだ。

わたしは、このかんがえを、宗教的、あるいは倫理的な立場から主張しているのではなく、純粋に、心理学的な立場から述べているにすぎない。このように発達してきた性格のひとは、自分とあらそわない。彼のエネルギーは自分の半ば無意識的罪悪感へのたたかいで消耗されたり、自責の念にかられたりで時をむだにすることもない。リラックスの状態が、完全な性的一致実現のために、どんなに必要であることかは、この本でのちほど明らかになるはずである。

判事からもしかしたら夫と和解できるのではないかという期待のもとに、わたしのもとに送られてきた女性が、わたしにむかってよくいう。

「わたしたちにはなにも共通なものがないのです。わたしは、音楽や読書やおつきあいが好きなのに、主人の好きなことといえば、釣りと狩猟なんです。もういやです。もうちっとも愛していません」

これに対して、わたしは、愛と理解は性格を変える力をもっているのだ、と話してきた。しかし、この女性は、もう夫を愛していないし、夫も、人生でやっと見出した唯一の楽しみをもたらしてくれた生活習慣を変えようとは、さらさら思っていないわけだ。さて、こういうカップルに和解の道はあるのだろうか。

もし、ふたりが性的に魅かれあっていたなら、もし、その結婚が現実的な計算だけではなく、愛情を基盤にしているなら、さらに、もし、どちらにも、ほかに恋人がいないのであれば、不和の原因は、ふたりの性生活のまちがいにあり、それは改めることができるはずだ。しかし、そのまちがいが改められずにいるなら、このカップルは、性的不満が高まり、おもいやりがなくなり、たがいを恨みあうようになり、どちらもおたがいの願いや欲求をかえりみることができないところまでいってしまう。そのときには、ふたりはもはや、別々の道を歩みはじめ、まもなく共通の楽しみはなにもなくなってしまう。

しかし、死んだようにみえる愛が、決してよみがえることはないと思いこむのはまちがっている。よそよそしくなってしまったカップルの気もちに、ふたたび火をともすデリケートな作業のはじめに、わたしはこのふたりに、完全な性的一致のための六カ条を教える。妻には、夫とのセックスをやめないでつづけること。それも、前より満足のいくやりかたでやるように、夫のセックスの癖に対する自分の抵抗感を克服する努力をするように説得する。夫には、妻をどう扱ったらいいかについて助言をする。ふたりは、自分たちが好むと好まざるとにかかわらず、わたしの方法をためしてみなければならまい。というのも、ためしてみないままでは、離婚がみとめられないだろうから。

もし、ふたりがたがいに協力的で――これをさせるのがわたしの仕事なのだが――他人からの干渉もなければ、奇蹟はおこり、ふたりの愛は復活する。

ふたりが完全な性的一致にたどりつく前に、まず、ある性格上の特質が発達するものだ。これができて、そして完全な性的満足が得られると、かつての愛情が、全面的によみがえってくる。実際、それはしばしば、以前よりむしろ深く、心のこもった愛情になっている。さらに、おたがいに対する感謝の気もちがめばえるので、おたがいを喜ばせたいと思うようになり、そのように実際に努力することにより、共通の喜びをつぎつぎにつくりだしていくことになる。四五年にわたる指導の経験を通じて、わたしは性的満足感が、結婚関係を形づくるのに、重要な役割をはたすと確信するようになった。心の底からの性的満足感は、自然にふかい愛情につながっていき、愛情と忍耐があれば、性格のゆがみも直していくことができる。

よそよそしい関係になってしまったカップルの性格で、いちばん変えなければならない点は、恨みの感情をすてることである。この恨みの気もちは、しばしば、ふかい無意識の世界にかくされている。恨みをもつひとは、心から性的満足感を味わうことはできない。前戯の過程で、怒りっぽい気もちや、不快な感情がわり込んできて、愛そうとする気もちをじゃまするからだ。恨みは親切と理解によってのみ克服できる。

離婚したいといってわたしのところにくるひとたちの中には、もっとおとなの、甘やかされていない、人生の苦労にきちんと対処できるひとと結婚していればよかったのに、と思われるひともいる。また、たしかに、いくつかの共通の興味をもっているひとを相手に選んだほうがよいにはちがいない。しかし、ある特質が未発達であるといっても、それがぜんぜん存在しないということにはならない。利己的なひとでも、教えられれば、利己的でない行動をとったときに起こる良い気分を味わったり、またそういう気分になりたいと願うようになることもできる。わたしの経験では、性格を変えるのに、遅すぎるということは決してない、性の完成というゴールに近づけば近づくほど、性格変身の可能性も高いのだ。というのも、性の完成のためには、自制と、おたがいに対する思いやりと自己中心でない愛情が必要だからだ。

カップルの関係がうまくいくためには、その土台に、しあわせな性生活がなければならない。なごやかな家庭は、わたしたちのすべてが直面する課題――避けられない人生の浮き沈み――に、とり乱さず、勇気をもってたちむかうために、きわめて重要なものである。自分たちのためばかりでなく子どもたちのためにも、そういう家庭をつくりあげていきたいと願う男女に、この本は道を指し示そうとする試みである。

たしかに、セックスの科学が、一夜にして理解されるとは思わないが、願って求めるひとはだれでもゴールにたどり着くことはできるはずだ。この道が達成されるならば、次の世代にはかりしれない宝を手わたしてやれるだけでなく、現代のおとなたちの幸福も、おどろくほど増すにちがいない。

第二章　子どもの性的発達

ジグムント・フロイトが、性的活動は乳幼児期にはじまり、性的フラストレーションがおとなの神経症のいちばんの原因になっていると発表したとき、どうして世間はあんなに深くショックをうけ、はげしく憤慨したのだろうか。

それにはふたつの主な理由がある。第一には、われわれの文化においては、性のいとなみや経験について偽善が蔓延していて、セックスについて自分がどう思っているかについてさえ正直に話せるひとはほとんどいない。自分がどう感じ、見たり、行動するかということについて、たいていのひとは大げさに誇張するか、矮小化するか、どちらかだ。第二には、ほとんどのひとが、性的活動は思春期になってはじまり、生殖器だけしか関係しないとおもいこんでいる。これはまったく現実にそぐわない。性的活動は乳幼児期にはじまり、はじめのうちは生殖器に限定されていない。子どもが成長するにつれ、彼がとおりすぎる過程や行動は、幼少期にとってはまったく自然で正常なものであるが、おとなになってもそのままつづくと、それらは――しばしば誤って――倒錯とよばれる。

どうして、「無邪気」で「けがれのない」子どもに、性的衝動や、ましてや、性的倒錯などあるだろうか？　答えはかんたんだ。どんな教育者でも親でも、自分の目をしっかり見開いてさえいればわかることだ。

性的倒錯は、正常な性的発達の準備期にみられるものだという見方もできる。それは実際には、性本能がちらりと顔をのぞかせる現象である。正常には、その現象群は、思春期をすぎると、ひとつにまとまり、成熟した性的欲求となっていく。もし何らかの理由で、衝動がひとつにまとまりそこなってしまうと、そのひとの部分的衝動のひとつが発達して性的倒錯というかたちに育ち、彼の性生活の支配的要因になってしまう。このようにして、発達の観点から見ると、倒錯は、原初的であるとともに、初期には、すべてのひとの人生の正常な一部分であるとさえいえるのだ。このことの重要性はいくら強調しても、言いすぎではない。

フロイトによれば、性的発達にはふたつの時期があり、それぞれホルモン分泌の増加によりはじまるとされている。第一の段階は、三歳から五歳のあいだにあり、第二の段階は一二歳から一八歳のあいだにある。

第一期には、子どもは性的衝動のなすがままである。その範囲は、声をだしたり、吸ったり、ひっかいたり、嚙んだりすることの快感から、ゆりかごのリズミカルな動きでひきおこされる性的興奮――これの感じはのちにダンスによって再経験される――から、男の子の母親に対する嫉妬――父親や兄弟姉妹との争い――にまでいたる。

この第一期にある幼児は、文句もいわれずに、あらゆる種類のいわゆる倒錯をあわせ持っている――ナルシシズム、同性愛、そしてサド的傾向（破壊性、動物虐待、あらゆる種類の残酷な傾向）。このことは自分の子どもを愛情と理解でもって観察する母親ならだれでも経験から確認することができる。

乳幼児は、この時期には、無心で、自由奔放な本能的生活をじゃまされずに送っているが、この第一期の終わりには、はずかしさを知るようになる。めざめた意識と、両親の理解にたすけられて、子どもは衝動を抑制することをおぼえていく。ふつう、子どもの多様な性的衝動は、成熟に近づくにしたがって、生殖器に局部化される。

第二の性的発達期は、思春期とともにはじまり、子どもの多様な性的衝動はひとつにまとまって、生殖の目的を果たすための準備をするよう働きはじめる。ひとは、しだいに自己愛からぬけ出し、自分の親に対する依存や、理想化からも自由になって、もし必要とあらば、兄弟や姉妹からもはなれて、マスタベーション（これはこの時代には正常といってよいものだ）や同性愛（男の子どうしの崇拝的献身や女の子どうしの過度の仲良し）という寄り道を経て、正常な異性愛へと発達する。

これが、個人の性的進化がたどるべき道すじである。しかし実際には、ちがったパターンをとることが多すぎる。このような場合には、両親や他のおとなたちの判断力や理解の無さがはかり知ることのできない害をもたらすことがある。

害をもたらす第一の要素として注意しなければならないのは、性本能をさげすみ、軽んじることにより、性的発達がおさえられることである。

こういう傷をおった少年たちがおとなになった場合、あたまとからだはおとなになっていても、情緒的には未成熟なままということがよくある。彼らの性的発達は、幼少期のレベルにとどまってしまう。このことは、ある種の男たちは、思春期以前にそうであったそのままに、女性よりも、少年にひかれることからもうかがえる。そういう男たちが、相互マスタベーションをつづけていると、同性愛とまちがえられることになる。そう、まちがえられるのだ。くりかえし、くりかえし、法廷で、わたしは本物の同性愛と、未成熟のちがいを強調しなければならなかった。未成熟なおとなは、性生活が正常になれば、成熟することができる。これは教育の問題だ。ほんとうの同性愛者には、たぶん、染色体やホルモンの変異が原因で異性にひかれない、あるいはいとわしくさえ感じる生理的特質があるとおもわれる（キンゼイはこの考えに賛成ではない）。ほんとうの同性愛者は、自分の性的傾向を変えようとはおもわない。しかし、未成熟なおとなは、成長して、正常な性生活を営みたいと願っている。そういうひとは、子育ての失敗による一時的な犠牲者というわけだ。

たいていの親たちは、自分の子どもの才能を最終目標にむかって伸ばしていくための努力を、少なくともいくらかは、はらうものだ。子どもの愛情生活についても、それは同様であるべきで、それは乳児期にはじめられるべきである。赤ん坊を授乳のために抱きあげるとき、その母親は、赤ん坊に肌にさわりたいという本能を触発するはじめての機会をあたえられているわけだ。そこで赤ん坊はやすらかに眠りにつく。哺乳びんで育てられた子どもは、また赤ん坊時代に、あまり母親のそばに寝たり、両親のベッドで長くすごしたことがなく、したがって、スキンシップが少なかったわけだが、ハブロック・エリスによれば、そういう赤ん坊の死亡率は、スキンシップのあるものより、三〇パーセント高いという。生きのこった者も、後年の愛情生活において、大きなちがいをみせている。おとなになった彼らは、パートナーに対して不人情で、自己中心的で、やさしさに欠け、他人に対しては、社交性に欠けるということだ。

メラネシアの女たちは、自分の子どものからだを何時間も愛撫する。本能的に、子どもの命を危険から守ってやろうとするかのように、子どものからだに、いとおしげに息を吹きかける。ガラ（黒人の部族）の酋長は、アフリカの探険家シュレンツェルに、アメリカ人やヨーロッパ人が子どもに、性的な教育をしないことについておどろきをあらわした。彼の考え方によれば、性的訓練は、他のどんな訓練より優先すべきことなのだ。なぜかといえば、健康な性の発達は個人に、何よりも大きい幸福感を与えるばかりでなく、なごやかな家庭生活の基盤をつくり、ひいては、それが部族全体の力になるからだ。これは、中央アフリカの未開人の意見である。未開ではあるが、生活の知恵として、すぐれた意見である。

しかしながら、文明のすすんだ国では、教育の目的は、性的発達ではなく、性の抑圧である。子どもの生活において、性器をいじくること、マスタベーションは、性的発達の重要な要素である。というのは、マスタベーションがたすけとなって子どもは彼の感覚を、第一次性感帯として赤ん坊には正常である口や肛門から、やがて必要となる性器の快感へと移行させることができるからである。

あそびというものは、子どもがのちにはたす役割へむけて準備するために必要なものなのである。人形を一生懸命かわいがる女の子は、将来、そうしない子よりは、よい母親になるだろう。日本では、そう信じられているので、女の子のための雛祭りが、一年の大切な祝いの儀式となっている。道具や、機械仕掛けのおもちゃで遊んで創造的才能を育てた男の子は、遊びたい本能を抑えつけられて育った子どもより有能なエンジニアになるだろう。この原則が、性的な発達にも同じように適応できるという事実を認めるひとは、あまりにも少ない。

一方、甘やかしすぎや、わがまま放題もまた、性的発達をおさえることになる。オズワルド・シュヴァルツがいっているように、「母親にながくかわいがられすぎた男は、決して他の女性と出会えないか、出会っても、いっしょにやっていくことがとてもむずかしい」。両親への強すぎる愛着——男の子と母親との、そして、女の子と父親との（エディプス・コンプレックス）——はたいてい、子どもたちが成長したときに、結婚のじゃまをする。無意識に、そういう若者は、得られぬ理想の母親像を求めて、次々に恋人をかえていかねばならない気もちに駆りたてられる。彼には、もう不実な夫としての運命が待っていて、結婚すると、性的には不能であることが多い。妻のなかに、無意識に自分の母親の姿がみえるのだが、母親は近親相姦の願望を抱いてはならぬ相手なので、その願望は無意識の罪悪感により禁じられることになる。彼は、愛する女を手にいれることができず、手にしている女は愛することができない。逆説的にきこえるだろうが、これが、多くの男たちの運命なのだ。魂のこういう葛藤が、多くの男を子どもじみた性行動——ある種の性的倒錯へとかりたてるのはかんたんである。

子どもの性的発達をそこなう原因の第三の要素は、暴力である。その例として、不幸な結婚に悩む若い女性が、無意識のうちに、子ども時代に女の家庭教師にされたように、自分の夫にひっぱたかれることを願望していた。この女性は、マゾ的傾向が固定してしまった結果、まだ、他の性的刺激に反応できるまで、充分な成熟に達していなかったのだ。そのために彼女はずっと性的に不感症のままであった（マゾヒストとは、自分に対してサディストであるひとのことである）。

どんな条件があろうとも、子どもをなぐるべきではない。正しい教育には、ぜったいそんな手段は必要ない。ほとんど例外なく、なぐった結果は、大なり少なり、子どもの性的発達の第一期にある、サド・マゾ的傾向の固定となってあらわれる。暴力は子どもを恐れさせ、自尊心の発達を妨げ、かつ一方で、快感を生じさせ、それが無意識にのこりつづける。なぐられることに慣れてしまった子どもは、ついにはなぐられるように挑発するような行動を身につけてしまう。自分では、なぜそうしてしまうのかわからないのだ。親は、その行動をかたくなだとか、ひねくれているといいがちだが、それは、実はからだの緊張をゆるめるための切実な願いなのだ。

わたしの記録のなかから、これから紹介するのはその一例にすぎない。

ある父親が、四歳の息子、ジョンについてひどくこぼした。ふだんは、気の良い、すなおな、かわいい子なのに、周期的に、様子がガラリと変わる。いうことをきかず、いたずらで、意地っぱりになり、親を怒らせるようなことを手あたりしだいにやらかして、ついには父親が彼をひざの上にかかえて、おしりをひどくたたくことになる。おしおきのききめはあざやかで、そのあと一〇日くらいは、いい子にしているのだという。

「ねえ、ブラウンさん、あなたの息子さんには、おしりをぶたれたい強い願望があり、あなたはそれを満たしてやったようですね」とわたしはいった。

「尻をぶたれたい願望ですって」。ブラウン氏は、信じられないというように、驚き、大声でいった。

「ジョンは痛いというのに、どうして、尻をぶたれたいと思うもんですか」

わたしは、ジョンがどうして自分がわるさをしてしまうのかわからないこと、彼は緊張していて、その苦しい感じをどうにかするため、からだをゆるめないではいられないこと、リラックスは、たたかれることによっても起こり、なぐり合いのケンカをした夫婦が、その後、完全にリラックスして、いい気分になることも多いこと、彼らの無意識の傾向としてからだの緊張がたかまってくると、なぐりあいをやりたくなること、そういう夫婦は、ふつう子どものときに、よく尻をたたかれていたひとたちであることなどを説明した。「あなたは、お子さんの中に、その将来を危うくするようなサド・マゾ的傾向を育てているんですよ」とわたしはブラウン氏につげた。

彼はショックをうけ、もうどんなことがあっても、ジョンの尻をたたかないことをわたしに約束した。

二週間後、ジョンの母親によばれて行ってみると、父親は、約束をやぶって、息子の尻をまさにたたこうとするところだった。尻をたたくのをやめさせるにはおそかったが、忘れがたく、また教育的にわたしの仮説が実演されるのを目撃するには何とか間に合った。ジョンの母親もまた、その証人である。

尻をたたかれているあいだ、子どもの顔に、おとなが満足的にセックスをしているときに見せるのと同じような快感と感覚的欲望の表情があらわれていた。母親はふるえあがるほど驚き、いっぺんに、わたしの言ったことの意味を悟ったのだ。それはまるで、たたかれることにより、ジョンのからだの細胞のなかにある緊張が、局部的オーガズムというかたちで、追いだされていくようだった。

後で、父親は弁解して言った。「あなたのアドバイスにしたがうことができなかったのです。ジョンはますます手がつけられなくなり、わたしは他にどうしようもなかったのです」

「当然ですよ」とわたしははっきりいった。「たたかれるまでに待つ時間が長ければ長いほど、子どもの緊張は増し、あなたのがまんを爆発させるような行動にかられるのです。これから二週間、たたかないでいれば、あなたは息子さんにひどく手をやくことになるでしょう。かわいそうに、こういう、サド・マゾ的快感に慣れきってしまったお子さんは、あなたにたたかれるために、必死になっていろいろやるでしょう。しかし、あなたは負けてはいけません。落ちついて話すことです。もう決して彼をたたかないで、他のおしおきを考えることにしたと、あなたのかたい決意を説明してやるのです。もっと良いことは、彼の緊張をほぐすための他の方法をみつけることです。母親が、朝、お子さんをベッドに入れてあげるようにしなさい（そういうからだの緊張がほぐれるスキンシップの機会を、この子どもはそれまで一度も与えられたことがなかった）。スポーツをしたり、他の楽しいことに気を向けさせてあげなさい。そうすれば、いたずらは、まず、まちがいなくやむでしょう」

おどかしによる教育もまた、お粗末な結果を生む。それは表面的には、目的を達するようにみえるかもしれない。子どもはしばしば、良い子、従順な子になる。しかし、その子の性格は危険にさらされている。悪意やずるがしこさが芽をだす。というのは、子どもは、いやいや力に屈しているからだ。

衝動そのものはなくなったわけではなく、無意識のなかに押しこめられている。その子がおとなになると、そのときには、もうどこからくるのか原因のわからない衝動との戦いに苦悩することになる。おどしたり、なぐったりすることで、子どもが動物をいじめるのをやめさせることはできるだろう。しかし、サド的傾向は、子どものなかに生きつづける。親は、子どもに、いじめられている動物がどんなに苦しんでいるかを指摘するほうが得策だろう。こういうやり方によってしか、子どもが性的倒錯をおさえ、克服するのをたすけてやる道はない。子どもが親から遺伝された性的衝動は、後天的に学習された衝動と同じような扱いを受けるべきだ。たとえば、ある少年は、なぐられるのがこわいので盗みをやめるかもしれないが、それは、自分の欲求をおさえつけたということで、盗みたい衝動は消えたわけではなく、おとなになった彼に、こうささやきかけるだろう。「罰を受けて、ぶちこまれ、恥をかくのだから、絶対盗むんじゃないぞ」。こうして、多くのひとたちが、恐怖のゆえに正直者を演じているわけだ。それと対照的に、賢明な親は、小さいころから、理性の力にうったえ、自分のものと他人のものとの区別をつける力をやしなうようにしてきた。

子どもの性的な「いたずら」の悪影響について、一般には、大げさに言われすぎている。性的発達の第一期だけでなく、思春期においても、子どもたちのほとんどがそれを経験するということは、それが「正常」であることを示している。そういう「いたずら」を絶滅しようとして、しつけをきびしくしすぎるということは、結果的に恥ずかしさや罪悪感のような特殊な感情を目ざめさせ、もっとも深刻な事態につながっていく。もうひとつの害は、子どもが性的な経験を必然的につんでいくとき、もし親たちが、きびしい拒否の態度で、子どもの気もちを理解するために耳をかしてやろうとしなければ、心をうちあける相手がどこにもいないことになる。こうして、その子は、もうすでに充分こまっているというのに、ひとりぼっちで葛藤を解決しなければならないはめになる。それもできないとなれば、神経症へと逃げこむこともよくあるだろう。子どもたちが、どれほど多く性的行為を目撃したり、保母や教師、使用人、または他の子どもたちから、性的な攻撃をうける機会があるかという事実にはほとんどのひとが気づいていない。親たちは、こういう攻撃のあることを、まず耳にすることはない。なぜかというと、親に何のかくしだてもしないで話すのがあたりまえになっているような子どもしか、そういうことは話さないからだ。

セックスのことを知らないようにして育てられた子どもは、よく知っている子どもよりもずっと危険な状態にある。こういう子どもたちも、学校で他の子どもたちとつきあう。ふまじめで、わいせつな、性に対する好奇心いっぱいの不健全な雰囲気が、どの学校にも蔓延している。この雰囲気が何を生みだすのかは、目を疑いたくなるような次の事件により、うかがうことができる。

二年前、わたしは保護観察所からたのまれて、ひとりの少女と面接した。一五歳になるこの少女は、車のなかで四人の兵士と性的遊戯、自慰、性的倒錯にふけっていたところを、逮捕されたのだった。この少女は、きちんとした家の出身で、親もまともなひとたちだった。彼女は、学校でも家でも、行儀のよい、「純真な」子どもとしてとおっていた。それではいったいどうして、彼女が突然そんなだいそれたことをするようになったのか？

「ねえ、アグネス」とわたしはたずねた。「四人の兵隊がむりやりきみを車につれこんだのかい？」

彼女は首を横にふった。

「こんなことを、前にもやったことがあるのかい？」

ふたたび、彼女は首を横にふった。

「急に、そういう性的欲求にかられたの？」

「いいえ」

「じゃあ、どうしてやったの？」

彼女は、両親、地方検事、保護観察官の前でしたように、固い沈黙をまもった。わたしは、小一時間、彼女と話しつづけた。そしてついに、とつぜん泣きだし、こううちあけた。

「学校で、みんながわたしをからかうの。わたしがウブだって。『おだまり。アグネスちゃんがいるじゃない。かわいい天使が、羽根をなくしてしまうじゃない』なんて。そんなことを言って、みんなは、わたしを毎日いじめるの。わたしはもうがまんができなくなって。みんなにしかえしをしてやりたいと思ったの。みんなよりもっと先へ行ったら、みんなもわたしに一目おくようになるだろうって」

これが彼女の説明である。これはつくり話でもなければ、例外でもない。もし親が、学校で何が起こっているかをきけば、信じられないだろう。親は知らないでいる。子どもたちも、自分の経験を親につげる勇気がない。

わたしは法廷で、どうしてアグネスは母親に、他の子どもたちが、どんなに自分をはずかしめていたのか話さなかったのかとたずねられた。母親が知っていれば、教師に不満をいうこともできたろうにというのだ。しかし、アグネスは、実は、母親に話しており、母親は学校に出向いて相談していたのだ。ところが、クラス全体の空気を変えることができる教師はほとんどいなかった。学校の空気は、多くの家庭から持ちこまれるゆがみや、不道徳により、たえず堕落しつづけている。母親が苦情を述べたことは、ただ子どもたちのアグネスに対する敵意を助長することになり、それがアグネスを、ひどい行為に追いやる結果になってしまった。

このアグネスの例に、わたしは付記を書き加えなければならないと感じる。たぶん、そのなかみのほうが、彼女がやったことよりもっと、あきれてしまうようなことだと思われるが……。

アグネスは、保護観察つきで釈放され、わたしは、彼女に自分のとった行為の意味をよく理解させ、性に関する教育をするという責任を与えられた。

彼女の家を、約束のとおり、たずねると、両親はわたしを居間に案内したが、そこのドアは開けはなたれ食堂と台所がまる見えだった。アグネスとふたりだけで話をするには、どこがいいかとたずねると、両親は、次のように答えた。「つかえるのは、娘の寝室だけです。が、娘はもう一五歳ですから、男性とふたりっきりでいるのはよくないでしょう。それに、わたしたちも同席したいんですが、あなたが娘に、あのう……そのう……例のお話をされるときには……」。彼らは、〈セックス〉ということばを口にすることさえ、できなかった。

三カ月後、口実をみつけて、アグネスを両親から引きはなした。

両親や教師たちがいかに、子どもたちの生活における性的なでき事に対して無知であるかを示すためには、わたしは、ファイルから無作為に、もうひとつの事例をとりだしてみる。

ある老婦人が、わたしのところにきて語った。「明日わたしの義理の息子が、孫を治療のために、つれてくることになっています。わたしは反対したのですが、無駄でした。ですから、はっきり率直に申しあげるのですが……」

「どうして、あなたは反対なさるのですか」

「なぜって、わたしの孫娘は、まったく純真なのですよ。恋をしたこともないし、恋愛がどういうものなのか、知りたいとも思っていないのです。それなのに、精神分析は……（婦人は、ことばをさがした）性的なことにばかりかかずらっているから……。わたしはあなたに、ヘレンと性の話をしないようにお願いにきたのです。あれは、まだやっと一八なんですから」

「奥さん」とわたしはいった。「あなたは誤解しておられます。精神分析のしごとは、患者に性の話をさせることではなく、ひとびとのなかにある心理的な葛藤を解放してやることなんです。それが、かくされているから、ひとの害になるような動きをするのです。精神分析は、性的なことをほじくり出すものではないんです。しかしいつも出てきてしまうものではありります」

「ヘレンには何にもないでしょうよ。あなたが、そのいやらしい話をするのなら、あの子は治療の最初から、逃げだすにきまってます」

このことばをきいて、わたしはもう、それ以上の説明をつづける気がしなかったが、ただこれだけはいった。「わたしはいつものとおり、治療にあたります。でも、わたしは、彼女が自分で言いだしたときにしか、性の話はしないつもりです」

「それなら、わたしは安心していられます」と、立ちあがりながらその老婦人はいった。

この会話は、ほとんど一語とちがわず、再現されている。なぜなら、それは、多くのひとびとが子どもには性的体験などないと考えていることを典型的にあらわしているからだ。

三週間、四週間と、毎日、分析をつづけていくと、ヘレンの幼児期にさかのぼるできごとの記憶が、とつぜん、意識の下から表出しはじめた。

その記憶は、彼女の正常な性的発達を妨害してしまった幼児期のつらい性的経験に関するものだった。彼女が五歳のとき、家の庭師が、彼女をひざにのせ、彼女の性器にさわったのだ。こうして、彼女はマスタベーションをおぼえた。この経験は何度もくり返された。七歳のとき、近所の住宅地の男の子が、彼女を襲おうとした。彼女は、恐ろしくて逃げだしたが、だれにもこのことをいいだせなかった。

そして、ついに、最もふかく抑圧されていた事件が浮かびあがってきた。それは、思春期直前に起こった実の兄との性交の体験であった。

ヘレンは、記憶喪失から目ざめると、夢中で自分の精神分析医に、その情景をのこらず描写した。

思いだしながら、もう一度、実際にいま起こっているかのように、あのとき感じた感覚を経験していた。

これらの経験が、恥と罪についての抑圧された無意識の感情をもたらし、彼女の正常な発達が阻害され、その結果、彼女はなぜかわけもわからないまま、恋を避け、性をおそれるようになった。

ヘレンの祖母が、孫がひどく純情なので、恋愛や性には関心がないと信じきっていたことを思いだしてみよう。ヘレン自身も同様に、自分には性体験などぜんぜんなかったと、信じきっていた。体験は、思春期以後、無意識のなかにうめられ、すっかり忘れられたまま、なおかつ、もし助けがなければずっと、彼女の人生を毒しつづけていたことだろう。

わたしたちも、ヘレンやその祖母とたいしてかわりはない。自分の幼児期のどんな体験が抑圧され、今も生きつづけているのか、知らないでいる。だれも、わたしは例外ですと言いきることはできない。深層分析はしばしば驚くような事実を明るみに出す。性的な体験は、能動的であれ、受動的であれ、潜在的に残り、子どものときにはその意味がわからなかったものが、思春期になってはじめて、恥ずかしく、おぞましいこととして感じられ、そこで罪悪感から逃れるために、無意識のなかに押しこめてしまう。こういう体験は、分析により、もういちど意識にのぼらせ、認識されなくてはならない。そうすれば、もはや子どものときのように無力ではなくなっているから、かつてのおそろしい経験をこんどは理性的にうまく対処していくことができる。

文明のすすんだ国では、大多数の子どもたちは内面に深刻な葛藤をいだきながら成長し、多くはノイローゼに逃げこまざるを得ないような状況にある。

たとえば、少女が恋におちたとする。しかし、幼児期のしつけや、道徳的判断や、親や社会に拒否されるのではないかという恐怖心などが、心のなかに葛藤をひきおこし、彼女の恋愛に反対する。彼女は全力をあげて、自分の性的本能に屈服しないための反論をこころみる。しかし、家庭には不和があり、対立と問題だらけなので、彼女は魂の秩序をつくりだす方法を教えられてきていない。彼女の心は、彼女の父や、母に対する感情と同様、千々に引き裂かれてしまう。彼女は混乱し、絶望し、まさに家庭の雰囲気の反映そのものになってしまう。こういう内面の葛藤が極端に彼女を消耗させ、彼女は精神的にも肉体的にも何もできなくなってしまう。彼女は、やがて、自分の性的欲求の増大を、精神的苦痛のみなもとと感じるようになる。

こういう状況が恐ろしいので、そこから彼女は逃げだしたいと思うが、無意識のうちに追いやる以外に、どんな方法もみつけられない。このようにして恐怖と性とが強くむすびつけられてしまう。

少女はノイローゼになっていく。

これ以後、どのような性的欲求であれ、彼女のなかに、おそるべき恐怖を生みだし、まずは、自分の愛する男を、後には、すべての男を、遠ざけることになる。彼女は孤独で、陰気で、病的で、臆病になる。自分の性的欲求を自分自身に対してもたくみにかくすことができるので、もはやその存在すら感じなくなってしまう。セックスは彼女にとって、いまわしいものになってしまう。

しかし、多くの子どもたちは、自分の性的欲求を耐えがたく抑圧してくるものに対して、もっとちがったやり方で戦っている。本能的に、彼らは、抑圧が、自分たちの性的な権利をそこなうものであると感じとっており、いわゆる、ティーン・エイジャーの性的な反抗という現象がある。しかし、現代の親たちが、以前にくらべれば、しかたなしに、それほど禁欲的ではなくなってきているとはいえ、まだ自分の子どもたちの性的問題とうまく対処できるようには、なっていない。

若者はわれわれの時代をあらわしている。彼らの行動はしばしば、親の行動に根ざしている。親たちは、さとし、道徳を説き、罰をあたえ、また、子どもの育て方の本を読んで勉強するかもしれないが、自分自身、自分の教えることを守れないのなら、うまくいくはずがない。

わたし自身も、子どもの教育に関する本を書いたことがある。もし、新版のために書きなおすことがあれば、たったの一ページですむ。そのページにはただひとこと「子どもの最良の教育は、良い見本をみせることだ」と書くだろう。それがすべての要約であり、本質である。

ここしばらく、「子どもの時代」が、進化の道をたどりつつある。しかし、あらゆる反応にみられるように、現代の若者たちの信念とやり方は、健康で幸福な中庸からはるかに逸脱してしまっている。どうしてそうならないでいられようか。現代の若者には指針がない。親の権威は失墜した。それもだいたいは筋のとおったこととといえよう。というのは、親自身にまず指針が必要なのでは、子どもの教育をするどころではない。暴力的な強制力も、手遅れの努力としてつかわれはするが、子どもの心のなかに発酵しつつある革命を止めることはできない。現代の若者の精神は旋風となって学校中に、家庭中に荒れ狂い、親たちや、教育者たちは、絶望と混乱にうちひしがれている。

この若者たちの反乱のなかに、結婚生活への明るい見とおしがみられるだろうか？　イージー・ゴーイングな女の子たちは、禁欲的で、ノイローゼ気味の先輩たちより、しあわせになるだろうか？うたがいもなく、多くのものは自由の経験から学んだおかげで、自分にふさわしい相手をえらび、忠実な妻になるだろう。反対に、良家の令嬢のなかには、道徳的破滅を経験するものや、売春行為にまで身をおとすものもあるだろう。しかし、調査してみると、こういう少女たちには、「社会的売春」の実例をみせていた母親がいるのがふつうである。一般的にいって、現代の若者たちの道徳的様相は、彼らが、ノイローゼからはなれ、経験をもとめて、奔放な衝動へとむかう道を旅しているというところだろう。ノイローゼの森で道に迷っているひとたちには、幸福な結婚生活などほとんど不可能なことだが、未成熟な性行為のくらい密林から、道案内なしで抜けだそうとするひとびとのなかにも、深い沼地で迷い、命つきてしまうひとがたくさんいるだろう。すぎたるは及ばざるがごとく、有害である。

正しい教育は、つねに、将来の結婚のための最良の基礎となる。しかし、何人の子どもたちが正しく育てられてきただろう。それに、もし、最良の教育をうけたひとが、結婚というくさりで内面的に不安定なひととつながれ、次第にむしばまれていくのだとしたら、その教育はいったい何の役にたつだろう。

基本的には、子どもの性格の土台を決定するのは、両親の結婚生活が幸福であることや、その生活がきちんとしていて、まともであること、つまり、家庭がなごやかであることだ。これと関連して、

F・ナンセンが記録しているグリーンランドの状況について考えてみよう。グリーンランドのひとびとは、子どもの教育をぜんぜんやらない。しかし、けんかやもめごとは、子どもたちのあいだでも、結婚している者どうしにも見られない。子どもたちはみんな芯から従順で、気だてがよく、こころよく手伝いができる。親たちが見本となって、子どもたちの性格の発達を促すような影響を及ぼしているのだ。これは、この種族の生まれつきの素質なのだろうか。ぜんぜんちがう。というのは、親のないグリーンランド人の子どもたちが、けんかをよくするノルウェー人の里親に育てられた結果、その里親たちと同じように、けんかをする、意地の悪い人間になってしまったからだ。ノルデンシェルドによれば、彼らが南のカナダ・インデアンの村で見た、ふたりの子どものけんかの様子が、原住民たちの間では、何週間も毎日の話題になったというのが、文明到達以前のグリーンランドであった。

子どもは、そのするどい観察力により、親たちの口にする教訓とその行ないのくいちがいを、少しも見逃すことはない。口でいったことは、空虚なことばでしかない。ただ行動だけが印象をのこし、影響力となる。わたしの著書『現代児童の教育』から、子どもの虚言癖についてこぼしにやってきた母親の例をあげさせてほしい。話のあと、数分もたたないうちに、その母親が自分自身のまちがいに気づいたのを、わたしはこの目で目撃することになった。

わたしたちは子ども部屋にはいっていった。六歳になるキャシーは、自分の人形を並べて、「パーティごっこ」をしていた。彼女に気づかれないまま、わたしたちは見ていた。「お客さまがくるのよ」とキャシーは人形のひとつにむかって言った。「たいくつな ひとなの、とにかく ひどいの。どうしましょう。ちょっと待ってて、すぐもどってくるから！」。キャシーは人形の家のうしろから、もうひとつの人形をもってきて、感情をこめて握手をしてから言った。「まあ、おいでくださるなんて、何てすてきなんでしょう。またお会いできて、ほんとにうれしいですわ！」

母親はひどくまごつき、顔をそむけてしまった。

子どもの社会性のしつけと発達は、三つの段階をふむ。第一の段階では、子どもの自我は、ナルシシズム的自己愛から解放されて、自由になった愛のエネルギーが、身のまわりの他のひとびと、たとえば、両親や、兄弟姉妹、教師たちに向けられていかねばならない。

第二の段階、思春期には、しだいに親の家から解放されていくことが必要だ。こうして解放されたエネルギーは、性ホルモンの発達により増大され、つれあいを選ばせるように個人を刺激する。

地域や共同体や国家に対する感情や関心は、第一の段階のあいだに生まれ、チーム対抗のスポーツや、仲間意識、奉仕活動というかたちで、あらわれる。こういう社会性は、各段階を通じて、自然に発達していく。これは、正常な個人にはだれにも、系統発生的に（遺伝として）そなわっているものであるが、有害な教育が逸脱を起こさせたり、子どもの社会性のしつけの段階で親が失敗したりすると、子どもの将来の結婚生活を危険にさらす可能性もある。

愛情のたりない親は、子どもが自分をナルシシズム——自分自身に対する愛情——から解放するのを妨げる。こういう親は、子どもが自分の愛情を他におよぼす機会を与えてやれない。なぜかというとその子は自分の愛情を与える対象をみつけられないからだ。こういう子どもは、自己陶酔的で、孤独や夢想癖や劣等感におぼれる傾向がある。後の人生においては、不気嫌で、閉じこもり、どんな共同社会の一員にもなることができない。この種のひとたちは、結婚生活にはぜったい適応することができない。結婚生活のはじまりから不幸にみまわれる。

一方、甘やかし放題、愛情過多で、子どもが親の家庭から自分を切り離すのを妨害したり、過保護によって、子どもが現実へ至る道を遮断してしまうような親は、子どもを無能で、過敏な温室植物にしてしまう。おとなとしても、彼らは社会生活に参加することができないし、全体の一員としては、まるで不適応だ。彼らは結婚の相手に、親がずっとしてくれていたのと同じように甘えさせてくれることを求める。彼らはただ、「我」だけしか知らず、「汝」は完全に無視するのだ。そういう思いやりのない結婚は、決してうまくいくはずがない。

われわれの衝動に基づいた生活を理解するためには、何よりも、性衝動に対して、自由で偏見のない見方をもつことが必要である。自分自身の性的プロセスを否定したり、軽んじたり、侮辱したりすることは、ばかばかしいことであるばかりか有害な抑圧を生みだしてわれわれの精神生活を沈滞させ、負担をかけることもあるという事実に気づかなくてはならない。自然に、健康に育てられた者にとって、性器はなんら恥ずべきものでも、みにくいものでもない。彼らにとって官能は、力と美に満ちたものである。

しかし、セックスは決して遊びごとではないのだ。セックスを軽々しく扱っているひとは、セックスの本質を知らないでいる。彼は、決してその恍惚を味わうことはない。わたしたちが、はずかしめたり、おとしめたりさえしなければ、性は美しく純粋で、気品のある、まじめで神聖なことがらであり、わたしたちの人生に最高のしあわせを約束してくれるものなのだ。わたしたちの個人生活のすべてが、結婚も、子どもも、家庭も、そこにつながっている。

もう一度くりかえすが、親がおかす取りかえしのつかない誤ちは、子どもの性へのあこがれを導きそこなうことだ。そのような導きがないと、子どもたちはノイローゼや、軽薄さや、マスタベーションのえじきになる。指導をうけない少年たちは、性病のおそれも無視して、こっそり売春婦を訪れたり、また、導きのない少女たちは、性エネルギーがたまりすぎて、結婚の相手を選ぶときに、相手の精神的・肉体的適合性を考慮に入れないで、盲目的な選択をしてしまう。愛だと思いこんでいたものは、あとになってわかってみれば、ただの肉体的感覚か、冒険へのあこがれでしかない。このようにして、男女とも自分の性的プロセスのなかに、ほんとうの愛の認識を妨げる分裂を、持ちこむことになる。

賢明な教師は、こういう状態を理解しているので、子どもの性教育に対しては、幼児期から一貫した方法をとっている。子どもたちに、花や、動物や、自然や、音楽や、良い文学を愛することを教えてやるのと同じように、恋愛や結婚や仲間たちを理解する心もまた、育ててやらなければならない。リンゼーは、いみじくも、「美的教育は、正しい生活態度の良き土台となる」と語っている。

成熟しつつある子どもが、自分のありとあらゆる性衝動となじみつくしていて、批判的に精神的平静をたもったまま、それらを見つめることができるということ。これこそが子どもの教育のなかでもっとも重要な部分なのだが、この点において首尾一貫した教師のみちびきを受けていれば、そのときは、自分のエネルギーのもとになる力について十分自覚的に、彼は禁止や抑圧の雑音も気にせずに、ふさわしい相手をみつけるだろう。この重要な選択を、冷静な頭とあたたかい心でもって、することができるだろう。

性的な成熟と密接に関係しつつ、個人の情緒、思考、行動、つまり彼の全人格は存在する。膨大な数のひとびとが、今日、精神的な未成熟に悩んでいる。これは祖先の尊い遺産から切りはなしてしまう誤った教育のせいだ。自分たちが受けついだ本能と衝動をはっきり認識することを学んだひとだけが、それらをうまく使いこなし、また、自分自身を傷つけることなく、本能や衝動をのりこなしていくことができる。そうでないひとたちはみんな、たえずそれらとの戦いに苦しみ、むだにエネルギーを消耗し、ついには、その「みじめな人生」から神経症というかたちに逃げこむことになる。いつも自分のことばかり気にしていると、性に対して抑制的になり、それが結婚生活におよぼす悪影響は、現代の若者の性的放縦におとらない。

あらゆる性的束縛を解消することは、性的発達が導かれずに抑圧される、今日のきびしい教育に対する反抗として若者のあいだに見られるが、これにもまた損なことがある。一方では、ある面では、生命エネルギーの抑圧と消耗、神経症、不感症、性的不能、現実からの、あるときには人生そのものからの逃避がみられる。また他方では、性器だけの快感にふけりすぎることから、性エネルギーが生理的にも精神的にも消耗し、むなしさ、いや気、不満、売春的行為へとつながっていく。

しかし、最良、最善の教育でさえ、ときには思春期の悩み苦しみを防ぐ役にたたないこともある。忘れてはならないのは、青年期の性的葛藤の苦しみは、文明の発達とともに発生したということだ。原始的な生物には、文明人のように重大な内的変革を経験するものはいない。

文明が発達すればするほど、その文明全体を個人が吸収するのに時間がかかる。というのは、彼は、祖先の膨大な経験全体を進化しながら通りぬけなければならないからだ。このことは、すでに述べたように、高い知能をもった文明人の場合、ことにあてはまる。というのは、彼が受けついだ遺産を完全に自分のものにするには、自分で獲得した財産や知識がさらにつけ加えられるために、勉学の期間が二五年以上もかかってしまうからだ。性的には、一六歳から一八歳の間に成熟してしまうのに、精神的、内的発達は、そのときまだ、はじまったばかりだ。文明国の女性たちは、無知と、妊娠や性病に対する恐怖によってじゃまされるので、平均二七、八歳まで性的に成熟することはない。このようなタイミングのくいちがいは高い文明をもった社会に生きるひとびとの発達に、ますますひどい不調和をもたらす結果になる。性本能のように強い自然の本能を、この長い精神的成熟のための期間を通じて完全に抑えつけておくことは、生殖能力をそこなわずには不可能である。

女性の本性はすべて、ひろい意味の性でできている。その精神的、感情的生活は、その性が、恋愛、献身、母性、において実現することが願いなのだ。ここに、女性のもっとも重要な仕事、義務と幸福があるのだ。女性が生存の戦いのために力を注いでしまうと、その分、この一生の仕事に注がれるべき力がそがれることになる。愛情は、そこでは、あとまわしにされてしまう。事実、多くの「キャリア・ウーマン」が、一時的に性的欲求をしずめるために、一夜の情事を重ねている。しかし、魂ぬき、愛情なしで身をまかせる女性は、自分の本性の調和を乱し、売春婦に身をおとしめているのだ。

うたがいもなく、軽はずみな性生活が若者たちの感情生活の発達をさまたげ、性エネルギーを分散させてしまっている。もし、子どもっぽいマスタベーションが、未成熟なまま、パートナーのある性的おあそびに置きかえられることがあると、後の正常な性交まで、単なる自慰的行為になってしまいやすい。がっかりして、満たされず、もっと完璧なものにあこがれ、そのあげく、かわりばえを求めてやっきになる。だんだん、愛する能力が死んでいく。多くの女の子たちは、本来の天職から追い出され、自分の力を学業や事業に発揮しなければならないので、女らしさを失っていく。一方、男たちは、心配ごとや、生活の糧をかせぎだすことの重荷で疲れはて、愛の喜びを失っている。

こういうひとたちは結婚をしても、あまり幸福にもむつまじくもならず、抑圧や不感症のひとといしてかわりない。精神的、情緒的ふれあいがなければ、結婚はたいくつな習慣か、たえがたい拷問になってしまう。愛と結婚の中枢、ひとの幸福で一番たいせつな要素は、性的無知と遅すぎる結婚によって、めちゃめちゃにされてしまった。このようにして、現代の結婚は、道化芝居になってしまった。

憎しみ、怒り、悪意、うそ、悪だくみ、苦悩、残酷の波がわたしたちを圧倒するが、それは結婚の現状がもたらしたものだ。せいぜいよくしても、あきらめと、無関心があるだけだ。ひとびとが、こんなに長い間、苦しくて、意味のない生活に耐えられるというのは驚くべきことだ。結婚ほど、緊急に解決をもとめられていることは他にない。

解決はあるだろうか？

ある、とわたしはおもう。

それには三つの方法が考えられるだろう。

第一には、性教育——ただし、「正しい」性教育である。それをすすめ、実現の助けをしようというのがこの本の目的である。わたしは、愛する能力を育てる方法だけではなく、それを殺さない方法も示そうと試みた。のみならず、わたしは、人間の性的かかわりが、性行為の喜びそのものだけではなく、もうひとつの別の、文明人に知られていない何か——大いなる喜びの源であり、結婚生活を離婚から救う何か——を生みだすことができるのだということを証明しようとしているのだ。

問題解決の第二の方法は、早期の結婚である。これはわたしだけの意見ではない。全米人間関係研究所の所長、ジェイムズ・F・ベンダー博士はこういっている。「早期の結婚は、肉体的にも精神的にも、はるかにうまく適応しあう。研究所へ相談にくる不一致のカップルは、早く結婚したひとたちではなく、遅く結婚したひとたちであり、彼らは情緒的に発達がさまたげられていたり抑圧されていたり、過去の秘密の経験により、ゆがめられたりしているひとたちだ」

親は、子どもに早い結婚をすすめ、感情的精神的葛藤が発達しないようにするべきだ。ただし、それは、正しく恋人を選択する能力があり、幸福な結婚をするための準備が整っている場合にかぎる。その場合には、両親、あるいは国家が、初めのうちは若いカップルを援助して、うまく出発できるようにしてやるべきだ。必要であれば、このとき使われる費用は、あとから返済される貸付金として考慮されてもよいだろう。

現代の結婚を改善へ向ける第三の方法は、もっと良い、ゆきとどいた家庭生活である。問題のある家庭、崩壊した家庭の子どもは、彼らの権利である安心感や幸福感を味わったことがないが、それはなごやかな家庭にしかないものだ。そこでは、親切で、理解のある父親と、あたたかく、愛情にみちた母親が協力して、子どもたちが困ったときには助け、ふたりの最良の友人として、また、カウンセラーとしての役割をはたしている。こういう環境で育つ子どもは、家庭から離れたところに楽しみを求める必要はない。

やむなく、仕事をはじめた母親は、まずまちがいなく、過労で、疲れはて、いらいらしている。時間がたつにつれ、子どもに対する愛情をあまりあらわさなくなる。自分のすべての時間を家庭と子どもに注ぎこむ母親のように、おちついた、なごやかな雰囲気を身につけることは、まずできない。

幼児の時代から、母親について家事を手伝わず、将来するはずの仕事を上手にかたづけることを教わらなかった少女たちが、主婦の役割を楽しむことはめったにない。生来の本能を伸ばすことがなかったら、自分でえらんだ仕事で完全に満足することはできない。

この機会に、子どもたちが良い夫や妻になるように援助したいと願っている親たちに役たつ一五カ条のルールを述べておきたい。

一、子どもをしつけるまえに、まず自分をしつけること。

二、けっして口論しないこと。子どもの前ではけっして怒りを爆発させないこと。子どものしつけについては、つねに一致していること。

三、どの子どもにも、平等にやさしく、愛してやりなさい。ただし、甘やかさないこと（ひとりっ子は、特に！）。

四、気まぐれで、予測不可能であってはいけない。一貫していて、公正であれ。

五、愛情のこもった、公平で、疑問の余地のない言いかたをすることを通じて、四歳になるまえに、子どもに親の権威を認めさせるようにしなさい。

六、あなたがおしえたこと、禁止したことのすべてを子どもが理解しているようにしなさい。そうすれば反抗的態度をふせぐだけでなく、子どもの洞察力や理解力をふやすことにもなる。

七、けっして子どもをたたかないこと。いかなる暴力も、子どもを動かす手段にしないこと。

八、子どもにうそをつくな――特に、性についての質問に答えるときに。

九、けっして子どもをこわがらせないこと。

一〇、けっして子どもをからかわないこと。自尊心を傷つけず、尊重すること。

一一、段階的に、子どもに小さな自己否定の機会を与え、人生の困難に出会うための準備をさせること。

一二、子どもの才能をできるだけ早く見つけだし、遊びを通じてそれを伸ばしてやること。これは、将来、職業につくための準備になるはずだ。

一三、赤ん坊のときから、五感を育ててやること。つまり、自然と芸術の喜びをおしえてやりなさい。
一四、子どもが自分の経験を通じて、責任のともなった自信を持っているようにしてやりなさい。子どもの行動の結果がどうなるかについて、ふつうの場合は干渉しないこと。
一五、子どもが成長するにつれて、権威としての役割から、友人や助言者としての役割へ移行すること。

このようにして育てられた子どもは、後年のための持参金を与えられたようなものだ。それは奪いとられることがない――あたたかい子ども時代の思い出をもつことになり、将来のしあわせな結婚のための土台としてこれ以上のものはない。

甘やかされた世代の生活を変えることや、親たちの身についてしまった習慣は、それに不満足であっても、改めることは難しい。しかし、親が子どもの欲求に、よりかなった方法をつかって、新しい出発をする気になるならば、子どもの豊かなしあわせというかたちで、その報酬を刈りとることができるだろう。

「父性とは、ある天気の良い朝、むき不むきにかかわらず、問答無用でふりかかってくる天職のことである。だから、子どもを持つ父親はたくさんいるが、父親を持つ子どもはほとんどいない」。
フランシス・ド・クロワゼ

第三章　性について子どもに語る

「生命の事実」とふさわしくない名前でよばれているものを、子どもに教えなければならないとおもって奮戦している、あわれな、しどろもどろの父親の姿を食いものにした冗談や漫画はたくさんある。ふつう、父親は、この話題はあまりにもはずかしいので、子どもにとって目新しいことは何もいわないか、ほんとのことは何もいわないかのどちらかだ。そして、結局、そっくり、お手上げだと、あきらめてしまう。

ほとんどの親たちは、自分たち自身がまともな性教育を受けていないのだから、性衝動とたたかっている子どもを助けてやれなくても不思議はない。この章でわたしは、その問題をどうあつかうかについて、おおまかに述べてみたい。

親たちが子どもたちを遠ざけてしまうのは、その質問をうそでごまかしたり、「そういうことは、おまえにはまだわからないの」と拒否をしたりする瞬間なのだ。多くの親は、性についての情報を後まわしにしてしまう。なぜならそれが、子どもを「堕落」させるのではないか。子どもらしい、無邪気な想像力を汚すのではないかと恐れるからである。フロイトによれば、性教育に対する親の努力は、一般に、どうしようもなく遅すぎる。

何よりもまず、子どもが親に対して信頼していなくてはならない。「おかあさんはぼくにはうそをつかない。おかあさんにだったら、感じていることも、おもっていることも何でも話せる……おかあさんはぼくの一番の友だちだ」と心から確信していなければならない。親たちは必ずそういう信頼をかち得ることができるのだ。もし、子どもの質問に答えることを決して拒否しなければ。すぐにうそだとばれるコウノトリの話などをしなければ。もし、まだ大きくないからといって、子どもをすげなく拒絶することをしなければ。もっとひどい場合には、こういう「ふまじめな」話題に興味をもった子に、説教をすることがなければ。このように、拒否されたり、ごまかされたりした子どもは、質問をひかえる。性的関係について、わからないことがあったり、または、生半可な理解をしていると、子どもの心にとって重荷となってのしかかる。真実をもとめてむなしくさまようところから恐怖心の幽霊が生じる。そうなったら、子どもは、両親と離れて、自分の道を歩いていってしまうのだ。

セックスのことで、子どもたちをおどさないように、親たちは注意しても、しすぎるということはない。もし、子どもたちが性的な遊びをしているのを目撃しても、「恥ずかしくないの?!　こんどアソコにさわったら、チョン切りますよ」などとおどしてはならない。こういうおどしによって、いわゆる「去勢コンプレックス」が形成されることがよくある。とにかく、すげなくあしらわれたり、おどかされたりした子どもは、罪悪感をもつようになり、それが自分の衝動を無意識の世界に抑圧したり、自然な性衝動に対して反発や嫌悪感をいだくようになる。恐怖心や罪悪感は、以後ずっと、ひとびとが自然で冷静にセックスのことを話しあったり、考えたりするのを妨げる。抑圧はさらに、子どもから幼児期の記憶をうばいとってしまう。

意識にのぼることを妨げられている衝動は、一見なんの理由もなさそうな気分や、精神状態や、感情の変化に影響を与えている。このような異常で巧妙な抑圧から生まれる神経症的症状は数多くある。

あなたは反論するだろう、「それじゃあ、どうすればいいんです?　下品なことを見逃すべきだというのですか？　子どもを放縦に、甘やかしておくことはできません」

ここまで話してきたことを忘れてはいけない。性的快感は、きわめて正常なものとして、乳児期からあらわれ存在する。性衝動はたぶんわれわれの衝動のなかで一番つよいものだ。自慰行為は、一歳以前にすでにみられる。できるだけ早く、たぶん二歳をすぎたころに、親指をしゃぶったり、鼻に指をつっこんだりしないように教えるのと同じ感じで、自分のからだをおもちゃにしないほうがいいと、おだやかに、やさしく、おしえてやるのがいいだろう。

その後、子どもがはだかで外に出たがるときには、「あのね、この国ではみんながお洋服を着てるのよ。だから、ほかのひとみたいに、お洋服を着なくちゃいけないのよ」といってやればよい。しかし、けっして、「下品だ」とか「まともじゃない」などといってはならない。兄弟姉妹は、むしろ部屋ではおたがいにはだかをみておいたほうがよい。おたがいを自然に認めあうべきで、はだかが何か特別なものであるとか、いけないことであるとほのめかされることによって、卑わいな感情が吹きこまれるというようなことが、ないようにしなければならない。

子どもが性のちがいについて何かいうことがあれば、かんたんに、自然に、答えるのが一番だ。「それが女の子のしるし、これは男の子がもっているものなんだよ」。そうしておけば、子どもはもう特別な発見をすることもないし、好奇心を持ちつづけることもないだろう。だが、もし、そうでなければ、ひそかな興味によって、つねに同じところへ引きもどされてしまう。

子どもが母親に「ぼく、どこからきたの？」ときいたら、母親はしずかに、「あなたは、おかあさんのなか、ここからきたのよ」と下腹部を指さして答えてやればよい。子どもがさらにつづけて、「それじゃ、ぼく、おかあさんのなかにいたの？」ときくようなら、「ええ、あなたはおかあさんのなか、ここの心臓のしたのところで大きくなったのよ」と答えてやればよい。くりかえしていうが、これは、もし子どもがそうたずねたときに、与えるべき答である。というのは、質問をするということは、子どもがその疑問がたえず気になっているわけなのだから、その子が三歳であろうが、一二歳であろうが、精一杯、真実の答を与えてやる必要がある。子どもがさらに問いつづけるとしたら、どんな答を与えてやればよいかは、後に、事例でおみせすることにしよう。

しかし、「うちの子は、子どもがどこから来たのかという質問を、他のたくさんの質問と同じようにするんです。次から次へと一日中質問ぜめで、わたしの答をまともに聞こうともしないんです」という親もいるかもしれない。このような質問癖については、フロイトがたいへんおもしろい説明をしている。こういう子どもは、はじめて自分の起源についての興味を表明したときに、コウノトリの話でごまかされたり、質問をきいてもらえなかったことがあるのだ。どちらの場合にも、子どもは未解決の問題で本能的に悩まされている。子どもの無意識は、ほんとうの答が与えられていないことに気づいている。生まれつきの本能のおかげで、意識ではまだつかめていない真実があることを推測することができるのだ。本能的に子どもは「何かかくされていることがある」とか、「ずっとうそをつかれている」と感じている。子どもは両親を信じたい。しかし、無意識が駆りたてて、子どもは次から次へと、一見なんの意味もない質問をしつづけ、答なんかじつはどうでもよくて、ほんとうは、答がもらえるとはもう期待していない例の質問が目的なのである。しかし、どういう場合にも、性教育は、子どもがたずねないうちは、ほどこすべきではない。性のしくみについて、自然な、害のないかたちで子どもに説明してやるのに一番良い時期は、五歳から一二歳のあいだである。

わたしの知るかぎり、性についての質問に対するほんとうの答によって、子どもがそこなわれたという報告は、一例も耳にしていない。それどころか、親を信頼しきった子どもは、内面的に自由で、なお、けがれず無邪気でいられるのだ。しかし、親が性についてうそをついたら最後、子どもとの一番強くて、たいせつなきずなを失ってしまう。二度と、性教育をするチャンスをみつけることはできないだろう。そのときから、子どもはこそこそと、たいていは危険な情報源から、知識を仕入れてくるようになる。

ある日、かわいいポールが母親のところにやってきて言うだろう。「おかあさん、コウノトリや、サンタクロースの話はほんとじゃないんだね。じゃあ、神様の話もほんとじゃないんでしょ」「それでは、子どもからクリスマスの夢をうばいとるというのですか。超自然的なことや、不思議なことは、子どもらしい空想のとても大事な要素だというのに」とあなたはいうだろう。

わたしはこうたずねかえす。「子どもから夢をうばうですって？　夢を真実とむすびつけることはできないものですか——自分自身の宗教的立場にもとづいて？」。キリスト教の子どもには、「クリスマスは救い主のお誕生日なのよ。みんなが、この日にはまごころと感謝をこめて、イエス様のことを考えるのよ。イエス様のみこころが天国からわたしたちのところに降りてきて、わたしたちをしあわせと喜びでいっぱいにしてくださるように感じるでしょ。そのことを『イエス様がわたしたちのところにおいでになった』というの。そしてね、ほんとうはイエス様にあげるお誕生日のプレゼントを、そのかわりにイエス様が愛してくださっている子どもたちにあげることになってるの。聖ニコラス様がくださったことにしてね。聖ニコラス様はね、一六〇〇年前に亡くなったんだけど、その名前は何世紀も後までサンタクロースとしてつたえられるようになったのよ」。子どもの想像力はこうしてそこなわれることなく、宗教へ、スムースに転化することができる。他の信仰をもった家庭の場合には、自分たちの立場にもとづいて、この説明をつくりかえればよい。反宗教的な家族や無神論者がこの問題にどんなかたちで出あうことになるかは、彼らの立場を再検討し、なっとくがいくようになるまで、わたしは何もいうことができない。

後になって起こってくる霊魂、死、不滅についての疑問は、われわれの神秘的概念や詩的な幻想というかたちをかりると、子どもを満足させ、よろこばせる。

わたしはここで次のふたつの事例を無作為にとりあげ、記録されているままに紹介しよう。

事例　その一

一二歳になるバーバラは、初潮のときに親が連れてきた。両親は、ショックをうけている子どもに、この正常なできごとを説明してやることさえできなかった。

（以後のやりとりのなかで、わたしがみなさんに注意してほしいのは、生物学的、解剖学的事実ではなく、なにも知らない子どもに対してどんな話し方をするかということである。）

わたし「ねえ、バーバラ。今日、血が流れだしてきたことを、こわがったり、恥ずかしがったりしなくてもいいんだよ。これはまったくあたりまえのことだし、子どもから年ごろの女の子に成長しつつあるしるしなんだよ」

バーバラ「血はどこからくるの？」

わたし「きみの中からさ。きみのおなかの下の方から後ろの方にかけて、梨みたいなものがあって、それは子宮とよばれている。子宮の中はがらんどうで、内側は赤い粘膜でおおわれている。年ごろになると、この粘膜は四週間ごとにつくりかえられ、古い膜がはがれおちる。その膜が子宮の内側の壁からはがされると、どうしても血管が破れて、血がでてくる。それを、きょう見たわけだ。血は数日間、子宮から流れだしてくる。この期間を月経という」

バーバラ「女の子だけに月経はあるの？」

わたし「もちろん！　男の子に子宮はないからね」

バーバラ「どうして、女の子だけに子宮があるの？」

わたし「女の人だけが子どもを生めるんだよ。子宮は赤ちゃんが育てられるところなんだ」

バーバラ（びっくりして）「えっ！　あの……？」といって、だまってしまった。
わたし「きみは、赤ちゃんがどこから来るとおもってたの？」。しかし、バーバラは赤くなって、答えたがらなかった。もう一二歳になるというのに、あきらかに、彼女はコウノトリの話を信じていたのだ。
バーバラ（少したってから）「わたしはおかあさんの子宮から出てきたの？」
わたし「そうだとも！　きみの未来の子どもも、きみの子宮から出てくるんだよ」
バーバラ「わたしの未来の子ども？……でもいつ出てくるの？」
わたし「きみが結婚してからだよ。でも、今日はここまでにしておこう。また明日、同じ時間においでなさい」
次の日、バーバラはやって来て、わたしにまず次のような訴えをした。
バーバラ「きのうの夜、わたしは友だちのジャッキーと話したの。先生が教えてくれたことを話してあげたの。でもあの子は、それはほんとうじゃないというの。おねえさんが、結婚していないのに子どもを生んだんだって」
わたし「ねえ、バーバラ。手に持ってるのは君の本かい？」
バーバラ「ええ！　パパがくれたの」
わたし「そんなら、きみは、その本の〈正当な〉持ちぬしだね。〈正当な〉ということばの意味は、きみには、この本を持っている権利があるということなんだ。だけど、きみがその本を、友だちから不当に盗んだのであれば、きみは法律や道徳や宗教に反してまちがったことをしたことになる。結婚をしないで子どもを生むことについても同じことが言えるんだよ。そういう子は、未婚の親の子どもと呼ばれる」

バーバラ「まあ！　そうなの。ジャッキーが、おとうさんたちがおねえさんのことを知ったときには、たいへんなさわぎだったたって話してくれたの。おとうさんは、おねえさんを不道徳だって責めて」。間をおいて彼女はたずねた。「でも、赤ちゃんはどうやって……」

わたし「子宮の中にはいってくるかって？　おしえてあげよう。覚えたくなかったら、これからいう変な名前は全部覚えなくてもいいんだよ。赤ちゃんを育てる子宮の両側に、にわとりの卵をつぶしたような形の器官がふたつあって、これは〈卵巣〉とよばれている。この卵巣の中に、何千という小さな人間の卵細胞がつまっているんだ。きみがいままでそうだったように、月経がはじまらないうちは卵は卵巣の中にいるんだ。でも、きみはもう子どもじゃないんだから、育ちざかりの〈思春期〉にはいったんだから、毎月卵がひとつずつ、卵巣から出てくるようになる。卵細胞は、ある月に、左の卵巣から出てくると、次の月には、右側から出てくる。卵は卵巣から出るとすぐに、近くの管にすいこまれて、梨の形をした子宮のてっぺんに運ばれてゆく。英語では、卵細胞のことをローマ人がよんだのと同じ名前で〈オーバム〉とか、〈オーバ〉とかよんでいる。そして、卵巣から卵細胞が出ることを排卵とよぶ。

きみは、まだ結婚してないし、まだ数年はしないだろうから、卵が成長して赤ちゃんになることはない。卵は子宮に二週間いてから、月経のときに、子宮の膜と血液といっしょに流れだすんだ。

でも、きみの未来の御主人が、きみの子宮のなかに自分の細胞をいれると、それは、きみの卵細胞とむすびついて、その二つが四つに、四つが八つになって、やがて何千、何百万という細胞になり、きみの赤ちゃんのからだとして育っていく。赤ちゃんが子宮の外で生きていけるほど大きくなるには、九カ月かかる。それから赤ちゃんは子宮から出て、膣とよばれるもうひとつの大きな管を通っておりてきて、この世に生まれてくるんだ」

話はここで終わりにした。

次の日、バーバラがやってきたとき、わたしはただ、ここまで話したことをくりかえしてやっただけだった。ふしぎなことに、彼女はもうひとつの細胞、男性が彼女に与えるべきものについては質問をしなかった。それればかりか、男性の性器については、何の興味も示さなかった。それに、原則として、わたしは、性について子どもが質問する以上のことをおしえてやることはしない。何カ月かたって、彼女はわたしのところにまたやってきて、男性の性細胞のはじまりについてたずねた。

わたしと話したあとで、バーバラは、恥ずかしがり屋で、臆病で、内向的で、緊張した子どもから、快活で、自信のある、リラックスした若い女性に変身した。かくされた性的問題に悩まされないから彼女は同年代の他の少年少女たちより適応がよくて、問題を正しく、きちんと処理することのできる女性になっていった。

事例　その二

ある医者が、一四歳になる息子マーチンを、セックスの原理を教えてもらうために、わたしのところへつれてきた。あきらかに、息子はその問題に悩まされて、白昼夢をみたり、勉強に身が入らない状態になっていた。毎日、約半時間ずつ、数日間つづけられた彼との面接の様子をおったえしよう。

わたしはマーチンに、本能について話し、人間は、衝動をコントロールするために、まずそれがどんなものか知る必要があるのだといった。ある種の衝動は、あまり早く目覚めさせられるべきではない。たとえば、性衝動などがそれだ。そうでないとすれば、その衝動が満たされる時がくるまで、押さえつけておくのは、とてもたいへんなことだろう。

「それ何ですか、性衝動って?」と彼はたずねた。わたしは答えた。

「からだの各部分は、どんなに小さくても、それぞれの使命をはたすという目的に向かっているんだ。胃の細胞は、食物を吸収し変化させなければならないし、血液細胞は、からだ全体にその食物を供給しなければならないというようにね。一番たいせつな細胞のひとつに、生殖細胞というのがあってね、これがまた、他の細胞と同様に、緊張をゆるめる動きをしたがっている。この細胞の願望のことを、性衝動とよんでいる」

「でも、その細胞は、どんな働きをするんですか?」

「一番難しくて、一番すばらしい働きだよ。この生殖細胞は、人をまるごとつくりあげ、生きて呼吸をしているあいだじゅう、そのいのちを維持していかなければならないんだ。肉眼では見えない、きみの中の小さな生殖細胞から、もしかしたらある日、きみの頭をのせ、きみと同じようにふるまい、きみと同じように話したり考えたりするもうひとりのマーチンが、つまりきみの複製が出てくるかもしれないんだ」

マーチンは目を丸くした。「でも、どうすれば、生殖細胞はそんなふうになるんですか?」と彼はたずねた。

「それひとつだけでは、だめなんだよ。まず、もうひとつの、よそからきた細胞と結合しなければならない。そうして、このふたつがいっしょになってたがいに働きかけ、次から次へと新しい細胞をつくり出し、やがて何百万にもなったときに、お母さんのからだの外で生きていくことのできる人間の赤ん坊になっている、というわけだ」

「生殖細胞は、どこでその別の細胞をみつけるんですか?」

「女のひとのからだの中にだよ」

「でも、どうやって入っていくんですか?」

「それを知るためには、まず、どんなふうに、どの器官で、男性と女性の細胞がつくられ、どんなふうに、自然がお互いをひき合わせるのかを知らなくちゃいけないね」

まず、わたしはバーバラにしたのと同じように、女性の生殖器とその定められた働きについて、生理学の話をしてやった。それにつづいて、わたしは男性の生殖器について説明をした。「きみは、ある点では女の子と同じ、またある点ではちがった器官をもっている。きみも、ふたつの卵のかたちをした器官をもっていて、それが細胞をつくりだしている。でもきみの器官は、女の子のようにからだの中にあるのではなく、からだの外の、陰のうと呼ばれる袋の中にぶらさがっている。卵をつくる二つの器官を睾丸といって、そこでつくられる細胞を精子とか生殖細胞とか胚細胞とかよんでいる。

子どもからおとなになるとき（それを思春期といっている）精子は何本もの管を通りペニスを通って外に出ることができるようになる。これら精子の目的はただひとつ、女性の卵細胞と結合して、赤ん坊をつくることだ。女性の卵細胞は、子宮の中にあって男性の精子細胞との出会いを待っている。子宮への道すじは〈膣〉といって、その目的は、きみのペニスがかたく立って、大きくなったときに、それを入れて、きみの精子細胞を、直接ながしこみ、卵細胞に出会うことができるようにすることだ。

しかし、子どものときはまだ弱く、卵細胞に到達する力がない。というのは精子にとって子宮内の距離は、きみがカナダからメキシコに行くくらい遠いんだ。しかし、この小さな精子は、もし成熟して、健康ならば、その距離全体を三〇分以内で行ってしまうことができる。これは、貴重な、すばらしいきみの財産が胚細胞の中にあるということなんだ」

すると、不安になって、その子は、どもりながら言った。

「でも先生、もし、その胚細胞がぼくの体から流れだしたら、つまり……あのう……夜、眠っているあいだに……」

「もしかしたら、きみにてつだってもらってね」とわたしは、つづけた。

もじもじしながら、彼はわたしを見た。しかし、わたしがそれをごくあたりまえのこととして、しずかに受けとめているのがわかると、彼は緊張をやわらげ、泣きだした。

「よくわからないんだけど、どうしてもがまんできないんです」と彼は告白した。鼻をかんでから、彼はつづけた。「ずいぶんがんばってるんです。ほんとうに、神様がぼくを罰するとおもいますか？病気とか気ちがいになりはしませんか？」

わたしが彼を引きよせると、彼はわたしのかたわらにひざまずいた。わたしは彼の頭をなでながら、

「そんなことはないよ、マーチン。わたしはそんなことは信じないね。とてもたいへんなことはわかっているよ。もし、つぼにミルクがいっぱいだったら、あふれずにはいられない。きみは今、人生のなかでも、そういう小さな生殖細胞が睾丸でたくさんつくられる時期にあるんだよ。それらは無理に外にだしてやらなくても、夜、ねむっているあいだに、しぜんに出てしまうものだ。ところが、いわゆるマスタベーションによって、しょっちゅう出しすぎるとね、胚細胞をつくっている細胞が休まるときがなくなる。休みなく働かして、消耗させてしまうことになる。

でもそれとは別に、あんまりしょっちゅうマスタベーションをやると、自分を苦しめることにもなるんだ。性器をいじくるたびに、からだの細胞ひとつひとつから放射線が出ていくんだが、それはもしからだから流れ出すことができなければ、からだをどんどん緊張させる働きをしてしまう。この緊張は恐怖心を生み出す。きみはまるで、牢屋にいれられたような気分になる。何が何だかわからない

けれども、こわくてこわくてたまらなくなる。

ところが一方では、マスタベーションをすれば、一時的に、睾丸のなかにある精液の圧力からの解放感がある、というのもほんとうだ。このリラックスは、ものすごく大きな満足感をあたえる。だから、そこが、大きなまちがいのもとになる。マスタベーションはただ性器の緊張をゆるめるだけであることを知らないうちに、からだ全体の緊張はだんだん高まっていき、気がつくと、ひどい葛藤に苦しんでいるということもあるんだ。この快感を味わいたいために、どんなおどかしにものらず、マスタベーションへとますますかりたてられていく。そして、あとから、自分の意志の弱さにたいして罪の意識をもつからというだけでなく、マスタベーションによって、実際にからだの緊張が高まったために、みじめな気もちにおちこむのだ」

マーチンは考えこんで、しばらく黙ったままだった。それから、わたしを見て、言った。

「先生、それでわかりました。でも、もうひとつ質問してもいいですか？　どうして、ぼくのペニスはときどき、ピーンと、かたくなるんでしょう?」。彼はおそるおそるきりだした。

「マーチン、ペニスはね、おそらく、人間のからだのなかで一番複雑な器官なんだろう。それはしぼったスポンジみたいな細胞でできているんだ。でも、ペニスに血液が流れこむと、血管が血液でいっぱいになり、かたい壁にそってふくれあがるんだ。ペニスは大きく、かたくなって、はじめて、膣に完全に挿入でき、子宮に精子を送りこむことができるんだ」

「でも、それはどういうときにおこって、血が血管に流れこむんですか？　たいていはぼくのペニスは小さくてフニャフニャしています」とマーチンはいった。

「マーチン、きみはペニスを立たせる方法を、ひとつはよーく知ってるね。きみがさわると、ペニスの神経が興奮するんだ。そういうふうに刺激を受けると、神経は血管の筋肉を広げ、血液が流れこむ。神経の興奮がおさまれば、膨張した血管の筋肉はゆるみ、血液は外に流れ出し、ペニスはまたちいさくなる」

「女の子にもペニスがあるんですか?」

「うん、そうだよ。膣の入口の前のところにあって、クリトリスと呼ばれている。しかしそれはきみの小指の一節より小さい。女の子には、ほんとうはペニスなんか必要ないんだ。そのかわりに、赤ちゃんをつくるために、ペニスが入っていく膣があるからね。でも、それは、きみがおとなになり、女の子がきみの奥さんになり、きみたちの子どものおかあさんになる時のことだよ」

マーチンとの話しあいは、バーバラのときと同様、成功だった。

性について子どもたちに説明してやることで、親や教師は子どもが良い方向へかわることがわかる。子どもたちは幸せで、リラックスした状態になる。今まで見てきたように、たとえ、きちんとした教え方であっても、性についての知識は、子どもの「無邪気」を傷つけることになるという親たちの心配や恐れには、現実的な根拠はない。

もうひとつ、親たちに、問わなければならないことがある。

どうして、すべての性行為が「汚ない」とみなされなければならないのか？　それは、文明の一番悪質な偏見だ。性器そのものが汚ないのではない。それはわたしたちのからだの他の部分とおなじ種類の細胞でできているのだから。わたしたちの分泌物のなかでも特にたいせつな性腺の分泌物が汚ないわけではない。セックスが汚ないものになってしまうかどうかは、どういう精神でセックスをするか、というよりは、まちがった精神でセックスをするかどうかにかかっている。

みだらな精神でおこなわれる性行為は、すべて汚なく、ゆえに罪深い。同じ行為が、深い愛の表現としておこなわれれば、美しく、ゆえに、神聖である。

もし、親たち自身が成長してこういう考え方をもつようになれば、恥ずかしがらずに子どもと性について話すことができるだろうし、子どもたちに、人類のもっとも貴重な財産、愛とセックスの成就を獲得させてやることができるだろう。

子どもにどのようにセックスの話をするかという実例に加えて、わたしが高等学校の生徒たちに話した講義録のなかから少し抜粋してみたい。

生殖器の説明をしたのち、わたしはつづけた。

しかし、このような生殖器について解剖学や生理学の知識を得ただけでは、「性とは何か」というわたしたちの問いを解決することはできません。この問いは、一見、ばかばかしく思われるかもしれません。たいていのひとは、自分は性とは何か知っているとおもっているからです。しかし、もっともすぐれた性科学者でさえ、この問いに満足な答をだしてはいないのです。

性的衝動とは、男と女とが本能的に引きあうことだという説明では、たとえば、同性愛（同性同志の愛）、または、自己愛（自分自身に対する愛）などの事実を説明することができません。性本能は、性器のはたらきにより起こってくるという主張は、フェティシズム（性器でない人体の部分に対する愛）を説明することができません。しかし、これらの現象は、性のいろいろな側面なのです。

それでは、性とは何なのでしょう。わたしたちをとりまく世界にかたちをあたえ、わたしたちの内面的生活に喜びをあたえてくれるこの力は、何なのでしょうか。高められては芸術や科学となり、落としめられては倒錯となる、この力。感謝と平安をもたらすだけでなく、憎悪と軽蔑、恥や嫌悪感をひきおこすこの力とは何なのでしょう。時には至高の喜びをもたらし、時には、地上の生きものにとって最大の精神的苦痛をもたらすこの力。その正体はいったい、何なのでしょう。何がこの力をひき起こし、何によってこの力は成りたっているのでしょう。

答に近づくためにわたしたちは、他のいろいろな科学の分野における発見について、知る必要があります。それによって、わたしたちの問題にはもっと別の重要な要素があることがわかります。

女性は、ごぞんじのように、男性とはちがっています。性器や、姿かたち、小さい手足、胸と腹、髪の毛の生え方、声の高さ——男の声より、ちょうど一オクターブ高いのです。そればかりでなく、においてもちがいます。

何がこういうちがいを生みだすのでしょう。

それは、人間の性の無数の細胞の内部構造によるのです。ヒトの細胞のひとつひとつに、性別――男か女かのちがい――があるのです。

性的要素は、ただ性器にだけあるのではなく、人間のからだの無数の細胞のひとつひとつにある重要な性質なのです。

何が、この性差を、たとえば、肝臓の細胞、皮膚細胞、筋肉細胞、また神経細胞などの中につくっているのでしょう。どうやって、わたしたちは、この一個の細胞がオスであるか、メスであるか、知ることができるのでしょうか。

この質問に答えるまえに、細胞のつくりについてもう一度かんがえてみましょう。細胞のあるものは、とても小さくて、肉眼では見えないくらいです。この細胞の一個の長さが、千分の一インチだとか、百万分の一インチだとかいってもその小ささをまざまざと思いうかべることは難しいでしょう。

それでは、別のやり方で、その大きさを想像してみることにしましょうか。カーボンの小さなひとかけらを、白い磁器のお皿の上において、切りきざんで、白の上に黒いものがあるとわかる程度に、微片がやっと目にみえるというところまで、切りきざんでみたとします。この微片でさえ、細胞よりずっと大きいのです。それから、木づちで、この微片をたたきつぶして、その細かい粉が、白い地の上で判別できないようにしてしまったとすれば、わたしたちのからだの細胞とほぼ同じ大きさの炭素ができたことになります。そのひとかけらを、強力な顕微鏡の下におけば、われわれの細胞も、調べたり、研究したりすることができるほどに、大きく見えるのです。

そんなに小さな細胞は、いったい何からできているのでしょうか。薄い皮膜でおおわれた、原形質でできています。この原形質の中に、核があります。わたしたちのからだの細胞のひとつひとつの（赤血球細胞は例外として）原形質の中心に、こういう核があるのです。この核の中には、とても細い繊維があり、それを科学者は「染色体」と呼んでいます。

ここでちょっと立ちどまって、もう一度考えてみましょう。たとえば、人間の男の性細胞である、精子を例にとってみます。一番小さな塵も、それと比較すれば、山のようなものです。しかし、この目に見えない物質も、のっぺらぼうではないのです。表面のずっと奥に、核があります。この核の中を、染色体がおよいでいて、その染色体が受けついでいる特質は、わたしたちの父、母、おじいさん、おばあさんからさらにさかのぼって何千年、何百万年まえの祖先から、さらに動物的生命の起源にまでさかのぼるものなのです。

このちいさな細胞、小宇宙は、太陽系という大宇宙とおなじく無限にふしぎなものです。その上、このふたつの宇宙は、同じ原理により成り立っているのです。

人間もふくめて、どんな動物も、そのからだの細胞の核の中に、一定数の染色体をもっているのです。その数は、その種により決まっています。そのうえ、同じ種のメスの細胞とくらべて、オスの細胞には完全に発達していない細胞がひとつあることが知られています。肉眼には見えないひとつの細胞の染色体の数をしらべることによって、それがどんな動物あるいは人間のものであるか、またどちらの性のものであるかを識別することができます。

人間の男は、四七本の完成した染色体プラス一個の未発達な染色体（Y染色体といわれる）をもっています。もし、この未発達のY染色体が完全に発達すれば、それはX染色体とよばれ、そのひとのからだ全体を女性の方向へむけてつくっていく力をもっています。

ふたつのX染色体によって、女性の性器は発達します。二番目のX染色体がなければ男性の性器が発達するのです。

女性はそのからだの細胞ひとつひとつの核の中に、四八本の染色体をもっていることがわかっていますが、数えきれない何億もの細胞のなかで、ひとつだけ例外があり、それは成熟していく卵細胞です。成熟していく可能性のある何千何百という卵細胞が、ふたつの卵巣にはいっています。

少女が思春期をすぎると、ふつうには、二八日ごとに、ふたつの卵巣のうちのひとつから一個の卵細胞が（ある月には右の卵巣、次の月は左の卵巣というように）出てくるのですが、それはまったく同じ二つの細胞に分裂し、そうしてできた新しい細胞は染色体を二四本しかもっていません。この過程を排卵といいます。この成熟した卵の片方は死んでいきますが、もうひとつは、二四本の染色体をもって、卵巣の表面をつきぬけて、輸卵管を通り、子宮へと旅をするのです。もし、二日たっても、男性細胞である精子がやってこなければ、卵細胞は、死にます。

睾丸のなかの男性細胞（精子）も、成熟しはじめるとき——つまり思春期に達すると、二つの部分に分かれます。しかし、この精子細胞は、発達した染色体を奇数の四七本しかもっていないので、同数に分かれるわけにはいかず、二四本のグループと、二三本のグループとに分かれます。しかし、成熟した女性の卵細胞がたった一個、四週間中二日間だけ生きているのに対して、成熟した精子細胞は、たえまなく、途方もなくたくさん、生産されるのです。

どうして、自然は、性細胞のしくみを、わざわざ染色体を分割するというようなめんどうなものにつくったのでしょうか。その理由はかんたんです。もし、精子と卵子の染色体の数が半分に減らなければ、胚細胞、つまり子どものからだの細胞の染色体の数は、結合の結果、両親の染色体の数が合計され、九十五本になり、これでは、人間の構造にはそぐわないものになってしまいます。

性交のときには、約二〇億の精子がペニスから出て、膣に入り、もしそれが卵子が生きている二日間にあたっていれば、通り道が粘液の分泌でスムースになっていれば、これらの精子の多くは、子宮にある卵子に向かって旅をしていくのです。

すぐに精子たちの競争がはじまります。精子は七分間に一インチ（二・五センチ）の速さですすみます。最初に、卵子にとどいた精子は、その卵子と結合し、ただちに皮膜をつくって他の精子がやってきて侵入するのをふせぎます。この競争に参加している精子の半分が二四本の完全な染色体をもっており、もう半分が二三本の染色体をもっているので、両者のチャンスは平等です。もし、二四本の染色体をもつ卵子が、やはり二四本の染色体をもった精子と結合すれば、女性の胎子胚が形成されます。女性細胞の染色体の数は四八本だからです。しかし、もし、二四本染色体をもった卵子が、二三本染色体をもった精子と結合すれば、その結果できる性細胞は、四七本しか完全な染色体をもっていないことになり、その結果、男性の胎子胚が形成されることになります。(二つの精子が同時に卵子に到達した場合には、双生児が生まれる。)

両親から出たふたつの性細胞が発達して、その子どものからだの細胞となるのです。ということは、わたしたちのからだ全体が、はじめはたったふたつの小さな、目に見えない性細胞から発達し、それが膨大な回数の分裂をくり返した結果つくり出されたものであるということなのです。というわけで、わたしたちのからだの細胞は、YとかXの染色体のあるなしで、男か女かのちがいはあるものの、じつはどれも性細胞であるのです。

この性別を決定することのできる、目に見えないX染色体には、どんな驚くべき力があるのでしょう? 女性のもつ美しさ、理想的なからだのかたち、優雅さ、魅力、やさしさなどは、そのひとつのもつX染色体により決まるのです。この染色体の力はどこにあるというのでしょう?

それは、女性ホルモンの生産に、影響力をもっているからです。

そこで、もう一つ別の生物学の分野に、足をふみいれなければなりません。それは「ホルモン」です。この科学が進歩すればするほど——そして今日それは、急速に進歩しつつあるのですが——、ますます、多様で、驚くべき側面があきらかにされてきました。この分野の科学者の発見についての情報は、性のメカニズムや、感覚、本能などと同時に、わたしたちの本質を解明するために、欠くことのできないものです。

よく知られている事実から、話をはじめましょう。わたしたちのからだの、ある分泌腺は、透明な液体を分泌しますが、それは、一般の分泌腺のように、たとえば、胆のうのような大きな空洞内に分泌するのではなく、直接、血管内に分泌するのです。こういう導管のない分泌腺のことを、内分泌腺といいます。この分泌腺から出る液体をホルモン（語源は、ギリシャ語・ホルマン、刺激するの意）といいます。これからお話しする例から、この名前がまさに、ぴったりなことがわかるでしょう。ホルモンの影響はしばしばわたしたちの精神生活全般にわたって、意識的にも、無意識的にも、刺激をあたえています。

ホルモンは特に、甲状腺、胸腺、副腎、脳下垂体、松果腺、性分泌腺から分泌されます。

胸腺ホルモンの抽出液は、ときには白痴の子どもを正常になおすこともあります。脳下垂体の分泌液数滴で、人を手におえない乱暴者にしてしまうことも可能です。副腎ホルモン数滴で、性別と人格を変え、反抗的でうそつきな、放心状態にしてしまうことができます。松果腺をとってしまえば、少年に、陰毛やひげがはえてきて、低い声の男に変身し、性器が急速に発達するでしょう。副腎ホルモンが少し増加すれば、女性の月経は止まり、ひげが生え、乳房は萎縮し、声が低くなってしまいます。

生殖器官（卵巣と睾丸）には、二重の役割があります。㈠性ホルモンの生産と、㈡生殖細胞（卵子と精子）の生産です。

性分泌腺がわたしたちの精神的、肉体的生活に及ぼしている影響を理解するためには、それらが去勢によりとり除かれたらどうなるのかをみればよいでしょう。わたしたちはオスのウシ、オスのウマ、オスのニワトリを去勢します。これらの動物は、性分泌腺をとりさられると、ときには手におえないほど攻撃的で荒々しかった性格が、おとなしくなり、だらけて、ぜんぜんメスに興味を示さなくなります。それらは太ってきて、肉の味もかわり、去勢されていない動物の肉が、味がわるいどころか、ぜんぜん食用にならないのにくらべると、たいへんにちがった味になります。

去勢の影響は、対象になる動物の若さと、手術の徹底度に比例します。思春期以前に手術をすると、性衝動は根絶し、性徴がなくなってしまいます。この時期に去勢された男性には、ひげが生えず、声帯は子どものままで、声は女声のように高く、知能は下がり、決しておとなの人間に成長することはありません。しかし、身長はいちじるしく伸びます。というのは、軟骨海綿状骨の成長帯における硬化が遅れ、骨が伸びつづけてしまうのです。また胸がふくらみ、皮下脂肪がふえ、女らしくなります。

自然の去勢ともいうべきものは、老いとともに訪れます。性ホルモン分泌腺はなくなるわけではありませんが、力を失うのは、ホルモンの分泌が徐々にへるからです。性的な特徴が変化し、男性の声は高くなり、胸が発達します。一方、女性は、更年期を経ると、男性化の方向へすすみ、顔の毛が濃くなったり、声が低くなるとか、そういうことがあります。

これらの事実をみてわかることは、性ホルモン分泌腺のなかの、ホルモンをつくる細胞によって、こういう驚くような変化が起こったということからして、去勢された動物も、もし、しかるべき健康な性ホルモン分泌腺が移植されて、すべてに影響力のあるホルモンがふたたびつくられるようになれば、もとの正常な状態にもどることができるということです。

この仮説は、多くの移植の実験例により、立証されています。動物や人間から切りとられた性ホルモン分泌腺が、去勢された生きものに移植され、再生しています。去勢されたオスのニワトリも、こうして治療を受け、ホルモン分泌がはじまるやいなや、すぐにときを告げるようになるのです。とさかがまた生えてきて、オンドリ特有のつがおうとする動き、荒っぽく、メンドリをうばいあおうとする動きがふたたび激しくあらわれてきます。同様に、去勢ウシは雄ウシにもどり、実験材料となった他の動物も、去勢される前のその種の姿かたちと行動をとりもどしてくるのです。

一九一八年の一〇月に、ウィーンのロバート・リヒテンシュタイン博士のところに、ひとりの兵士が連れてこられました。戦時中に、この兵士は、性分泌腺にひどい傷をうけ、切除しなければなりませんでしたが、その後、去勢されたひとのような容貌と行動があらわれてきたのです。ひげが生えなくなり、脂肪が増え、無関心、無とん着、怠惰な精神状態になってしまいました。働く適性も意欲もない状態でした。性的にも不能になってしまいました。動物のようにぼんやりとして、仕事も生きる興味もないまま、人間とはおもえないようなありさまで、生きながらえていたのです。そこで、四〇歳になる健康な男性の睾丸が、このひとのからだに移植されました。傷が治るとすぐに、性ホルモンが活動をはじめ、兵士は元気で、行動的になりました。生きることへの関心が、よみがえり、体毛やひげが生えてきて、女性に情熱をかきたてられるようになり、そして間もなく、彼は結婚しました。彼は実業家としても成功をおさめ、まったく健康で、活力にみちた正常な生活をいとなめるようになったのです。

同じような他の多くの例にも、同様の結果をみることができます。それだけでなく、去勢や移植の手術は入れかわりたちかわりに、数えきれないほどくりかえすことも可能で、その場合でも、いつも同様に成功しています。

これらの例はみんな、人の細胞のホルモンが欠乏すればするほど、そのひとは無関心で気力がなく、働くこともできなくなり、異性にとって魅力がなくなってしまうという事実を示しています。からだも心もだんだん衰退する一方です。反対に、個体の細胞がホルモンによって活性化されていればいるほど、その細胞の主は、活動的で生き生きとしているのです。

わたしたちが、情熱や愛や高揚を経験できるのは実に、ホルモンの働きのおかげなのです。

これまでにみてきたように、四八本目の染色体、X染色体の影響により人間は女性ホルモンを生産し、一方発育不全の四八本目の染色体、Y染色体の影響で、男性ホルモンが生まれます。

生体電気に関する物理学を学ぶことにより、男女がたがいに引きあっているという事実を、もう一歩ふかく知ることができるのですが、それは、この次の機会におはなししましょう（このテーマについては、第六章を参照のこと）。

第四章　マスタベーションの問題

マスタベーションは、性的倒錯とみなされるべきではない。

この分野における調査によると、世界の子どもの九〇パーセントが、マスタベーションを経験しており、また七〇パーセントのおとなも、ときどき、やっていて――ここには既婚のカップルや老人もはいっている。のこりのマスタベーションをやったことのない一〇パーセントの子どもは、そのほとんどが、ノイローゼや性的倒錯者になったり、性的不能や不感症に苦しめられている。

大学の学生が、男女ともに、マスタベーションの問題に悩んでいることは、これからお話しするカリフォルニア大学でのでき事により知ることができる。

この大学の有力者との話し合いにおいて、性教育を導入すべきであると、わたしは緊急に提案したのだが、一八歳をこした人間に、そんな指導は必要ないという理由で拒否された。

しかし、一九三九年、二月二八日、わたしはカリフォルニア大学成人教育部門から招かれ、教師と児童教育関係者に、マスタベーションについて話すよう求められた。

講演のあとの討論でわかったことは、聴衆の多くが、この問題について合理的に考えることに反対で、この問題について一般的である無知と偏見と嫌悪感を克服する努力などぜんぜんしたくない、ということだった。そんな教師たちが、かわいそうな子どもたちの世話をするなんて、いったい何のたすけになるだろうか？

数日後、同大学のある教授によって、この問題に関する講演が、一九三九年三月五日に、バークレーの校内で、男女両学生を対象に行なわれるということが発表された。

教授陣の多くは、衝撃をうけた。あるひとたちは、マスタベーションというテーマで大学生、つまりおとなが集まるなどというのはあり得ないことで、ナンセンスだと考えた。少数の聴衆しか集まらないだろうとの予測のもとに、大学当局はこの講演のために、小さな部屋をわりあてた。しかし、予定の時刻のかなり前から、その部屋はすでに超満員になり、もっと大きな場所へ移動しなければならない状態だった。ところが、このホールもすぐに満員になった。講演はけっきょく、大講堂で行なわれたが、それでも、警備員がでて、ドアを閉めなければならなかった。二千人を収容する講堂はいっぱいになり、ひとびとは場外へあふれ出した。しかし、大勢の男女学生が中に入ろうとして、警備の壁を突破してしまったので、隣接の諸教室にラウドド・スピーカーをとりつけて、このひとたちが講演をきけるようにしてやらなければならなかった。

この問題に対するこのものすごい関心は、いったい何を意味しているのだろうか。「物知りの」大学生も、この問題についての知識を求めているということだ。

この講演の反対者たちは、その聴衆の四分の三が好奇心から、センセーショナルなことをもとめて集まった者たちだといいはった。しかし、それが本当だとしても、学生たちがセックスについて何かを知りたがっているという事実には変わりない。わたしはこの講演に出席して、自分たちの疑問に対して信頼できる答を得たいという若者たちのさしせまった願いが、疑いもなく存在することを、目のあたりにした。彼らの熱心さからわかることは親や教師たちから与えられた情報も、自分たちの間での情報交換も、セックスに関する書物も、マスタベーションに関する知識を求める彼らの切実な気もちを、充分満足させてくれなかったということだ。

親たちや、社会や、教会によって、この「犯罪」――これはいぜんとして性のタブーのうちで最大の位置を占めているのだが――の問題を処理するために払われた努力の量を考えてみると、また、マスタベーションに対する激しい反対がありながら、前述のように、統計的に、みんながやっているという数字を目のあたりにすると、親や、社会や、教会が、この性的行為を抑さえようとしてやってきた懸命な努力は、水の泡であったことが明らかになる。

子どもたちに、相容れないふたつの要求をしつづけるかぎり、成功の見通しはない。㈠、どんなにやりきれなくても衝動を支配せよ。㈡、その衝動の本質を知らないままでいるべし。いわば、マスタベーションに反対するひとは、子どもに超人的な難題を要求している。すなわち、それは、最も強烈な本能――性本能が、今を盛りと押しよせる時期である思春期に、孤立無援で戦い、勝利せよ、という課題なのだ。性ホルモンの分泌が減少しつつ、正常な性生活を楽しんでいるおとなは、若者が性器の緊張のためにひどい苦しみを味わっていることなど、忘れてしまっている。食べあきたひとには、飢えの苦しみを想像することなど、できはしない。

ここで、二一歳の大学生からの手紙を、一部引用してみよう。

「性の悲劇……最近のわたしの経験のすべてがこの災に関わっています。……おそるべき一夜を売春婦と過ごしました。行為のあとの嫌悪感は、はじめの衝動と同じく、きびしいものでした。肉体的なみじめさにつづいて、精神的苦しみを味わいました。……性欲が、何度も、何度も頭をもたげてくるのです。……わたしは誘惑とたたかいましたが、だめでした。ふたたび、自慰へとかりたてられ――そのあとには――どうしようもない空しさと嫌悪感と絶望があるばかりです！」

これは、ひとりの若者の叫びであるが、同様の苦しみを、多数の若者たちが味わっており、また、同じように苦しんでいる少女たちも、数えきれないほどいるのだ。

何世紀にもわたって失敗をつづけながら、マスタベーションとたたかおうとする社会の方法は、相も変わらぬありさまだ。恐怖心を注入し、おどしをかけ、罰を与えた。その結果は、統計が証明するように、あいかわらず無駄であった。しかし、これらの方法はただ効果がないだけではなく、反抗的な子どもにも、従順な子どもにも、同じく悲惨な結果をもたらしてきた。

この問題を解決する方法については、うんざりするほどの議論がつみかさねられてきた。マスタベーションについて、まだ語られていないことがあるだろうか。

おそらく、ある。

もしも、わたしたちが事実と向きあい、それをできるかぎり科学的に処理しようとするならば、新しい何かが現われてくるかもしれない。性的結合の問題と同様、マスタベーションの問題についても、物理学における発見が力をかしてくれるだろう。

聖書（申命記二五章一〇節）によれば、ユダヤの古い習慣では、男が死ぬと、その人の未婚の兄弟が、残された未亡人と結婚しなければならなかった。これは嫂婚《そうこん》の掟と呼ばれている。創世記三八章八〜一〇節には、ユダの息子オナンが、この掟からのがれるために、兄の未亡人との性交をきちんと終わらせずに、性器を抜いて、精液を地面にこぼしたことが書かれている。そこから、性的結合なしに、性的快感を得る行為を、オナニズムと呼ぶようになったが、いまはマスタベーションという語の方が多くつかわれている。オナンは、死をもって罰せられたが、このことは、マスタベーションにまつわる恐怖が、いかに古くから存在するかを示す証拠であろう。けしからんことであるとか、罪深いことであるとか、危険な性行為であるとか、理屈はどうであろうと、マスタベーションに対する反感的態度の根はふかい。

この問題を客観的に扱うためには、まず、男女にかかわらず、子どもが行なうマスタベーションには、いろいろなものがあり、またいろいろな時期に行なわれるということを、はっきり知っておかなければならない。思春期の前と後に、男の子は、はじめは射精なし、のちに射精をともなうマスタベーションを経験する。女の子は、両方の時期に、クリトリスや陰唇や膣をこすって、マスタベーションをする。ひとりだけですることもあれば、だれかとマスタベーションをしあうこともある。おとなの相互マスタベーションは、同性愛的行為だと考えられている。

何が子どもたちに、性器をこすりたい欲求をおこさせるのだろう。一般には、性ホルモンがつくられることによるのであり、それは性が発達する時期に特につよくなる。

性ホルモンは、睾丸での精子の生産を刺激する。精子の数が増えることによって起こる性器の緊張感が、男の子たちがこの局部的圧力を射精によってとり除きたいとおもう原因になるのだ。

しかし、成熟する前に、性ホルモンがつくられることもある。これは、たとえば、両親のあいだでの劇的な場面や、幼少時の性体験のように、感覚としてあまりに鮮かで、ショッキングな印象や激しい興奮を経験したときに起こる。

性ホルモンがつくられると、生殖細胞（卵巣にある、成熟していない卵子や、睾丸にある精子）が刺激される。つまり生殖器官につながっている神経が刺激され、これらの器官のまわりにあるたくさんの小さな分泌腺が、分泌液でいっぱいになり、膀胱にたまった尿のように、はちきれそうになる。

からだ全体に感じる緊張をとるために、子どもは、半ば無意識に、おとな（たいていは親のどちらか）のからだに触れていたいという衝動にかられる。こういう子どもの愛情欲求は、からだの緊張をゆるめたいという要求にもとづいている。小さな子が泣き出して、おさまらず、母親が愛撫すると、とたんに落ちつくことがある。小さな悪魔は、母親が添い寝をしてやるとか、髪の毛やからだを、やさしくなでてやると、おとなしくなり、緊張から解放される。

ところが、性器の局部的緊張は残ってしまう。性器にひき起こされた興奮が、まわりの他の分泌腺の緊張といっしょになって、子どもを駆りたて、性器のあたりをいじくらないではいられない気もちにさせ、その結果として分泌が起こり、局部的な緊張がゆるむ。この緊張をゆるめる方法はふつう二つのうちのどちらかである。すなわち子どもが自分の手でこするか、または、ある未開人の風俗習慣では、老婆が少年の睾丸に、老人が少女の陰門に、静かに手をあて、そのまましばらく、じっとしているという方法もとられている。

それに似たようなことが、マリノウスキー教授によりトロブリアンド諸島のメラネシア人についても記録されている。このような「性の教育者」が子どもに与えるリラックスのほうが、子どもが自分でするマスタベーションより満足感が大きい。なぜか？　それは、性器に対する刺激は、それが直接的であろうが、間接的であろうが、すべてからだの緊張を増大させるからだ。子どものてのひらと性器から発散するエネルギーの質が同じなので、マスタベーションによって、からだの緊張をゆるめることはできないのだ。このことについては、後でくわしく述べることにする。

このことから、非常に重要な結論を引き出すことができそうだ。もし、マスタベーションで性器をもてあそぶことで、男の子の精子や、女の子の分泌物の放出が即座におこると、局部的にはリラックスするが、からだ全体の緊張がゆるまないままなので、多くの子どもたちは、幼い時代から自慰行為をくりかえさずにはいられない。しかし、男の子のからだのなかで新しい精液がまたすぐにつくられるわけではないので、射精できるまでには、次のマスタベーションはかなり長時間つづけなくてはならず、そういうふうにますます長時間、ますます強い刺激を性器に与えることになるので緊張はますます増大する。悪循環が、このようにして確立され、子どもは、かなわぬ夢を追いもとめるようになる。このようなことは、子どもにからだのしくみを教えてやることで避けられるはずだ。

中央アフリカのある部族の考えでは、マスタベーションは、年上の異性が教えてやるのが、子どもの成長にとって重要なこととされている。

このようにマスタベーションが許され、神聖な儀式の一部として、強制されることさえもあるので、子どもたちには、嫌悪感による落ちこみといった反応はない。彼らはリラックスして、満ちたりた幸福感を味わっているので、情緒的な葛藤にじゃまされることなく、成長してゆくことができる。

メラネシアには、古来の、進んだ文化があちこちに残っているが、原住民たちはこのマスタベーションの教育をもっとも重要なことだと考えている。つまり彼らは、それを、子どもの将来の幸福な愛情生活の準備とみなしている。

パートナーとの性交において、強い、解放感のあるオーガズムをえられない少女とか、あるいは、膣で感じる自覚的な、おとなの感覚をまだ知らず、クリトリスで感じる未熟な快感を捨てきれない少女は、欠陥がある（注1）とみなされるので、結婚することができない。

メラネシアのひとびとは、性的衝動を正しく発達できていない子どもは、決して愛の達人になることはできないと、確信している。どんなに強く西洋的考え方が、この教えのなかみを否定しようとも、世界のどこにもないほどしあわせな愛情生活を、この島のひとたちが送っていることを、わたしたちは認めないわけにはいかない。島の子どもたちは、道徳家の多くが想像するのとちがって、堕落することもなく、健康で、幸福で、一般的には、恥ずかしがりやで、人形や遊びに夢中な——要するに、「無邪気な」子どもと区別しようのない——子どもたちであることはまちがいないようだ。

しかし、子どものマスタベーションに対するわたしたちの偏見を正してくれるのは、南太平洋の未開人の例だけではない。文明の発達した、中国やインド、あるいは、古代ギリシャの西洋文明の揺籃期にも、性生活の向上には、重要で神聖な役割があたえられていた。

マスタベーションをしたことがない子どもは、後の人生において、愛の達人になるのはむずかしいということが、経験的に証明されている。つまり、マスタベーションの害は、その行為が子どもの性器に影響を及ぼすところにあるのではなく、有害な結果になるぞ、という恐怖心を植えつけることから起こってくるのだ。もしも、たえず、病気になるぞ、あたまが悪くなるぞ、罪深いことだ、罰をうけるぞなどと（ひどい場合には、去勢してやるぞ、とか、気ちがいになるぞと）脅迫されつづけたら、子どもはひどい内面的な葛藤に悩むことになるだろう。しかし、もし、本能が恐怖心よりも強ければ、子どもはあえて、マスタベーションをするだろう。というのは彼は性的蓄積による緊張を解放する方法をほかには知らないからだし、「夢精」による自然の解放では出しきれないものもしばしばある。そしてこの場合、マスタベーションの害はもっとも深刻である。罪の意識は、性行為や、つかまえられるという恐怖、そしてその結末のもろもろと関係づけられてしまうので、これらは結局、神経通路の中でひとつになり、子どもは——女の子に、特にありがちなことだが——だんだん、性交など、決してしてはならないことだと思いこむようになる。こういう子どもは、マスタベーションをしたためではなく、精神的な混乱のために、結婚に失敗しがちだ。

もし、子どもが恐怖心に負けて、マスタベーションをしないならば、結果は二つに一つだ。性器の神経が絶えず抑制的にはたらいていることにより、性的な発達が妨げられる可能性がある。こういう子どもは、おとなになっても、完全な性的欲求を持つにいたらず、性的快感も感じる能力がない。そうでない場合は、願望と強制との葛藤に、とても耐えきれなくなって、この偽りの教育の犠牲者たちは、潜在的な、あるいは顕在化した倒錯へ逃げこむ以外には、どうしようもない。というわけで子どもは神経症とか倒錯者になる。

現在親である人たち、あるいは、これから親になる人たちも、いわゆる「不健全な性行為」といわれていることを、子どもにやめさせようとして一般にとられる手段が、どんなひどい結果をもたらすかということについて考えてみなければならない。親自身は、子どもにひきおこされる結果を目にすることはない。というのは、子どもをなおそうとしたことで、壁をつくってしまい、子どもたちはもう、親に心を打ちあけようとはしなくなっているからだ。しかし心理学者はこれらの結果を目にし、指摘できる。わたしたちに相談にくる神経症の大軍は、恐怖、劣等感、落ちこみ、自殺志向に悩んでいるが、それらの原因は自分の性的衝動を避け、否定し、嫌悪し、不感症とインポテンスにいたったひとたちで、ほとんどすべてはマスタベーションに対する誤った態度の犠牲者である。

もういちどたずねよう。性の力がおしよせてくる思春期の子どもが、いったいどのようにして衝動をコントロールすることができようか、これらの本能についての理解や処理のしかたを教えられなかったら？　さとしたり、おどしたりすることは、ただ子どもにひそかなはけぐちを求めさせ、こそこそと、こざかしく、不正直に、うそをつく態度などを育ててしまい、また内面には危険な葛藤を育ててしまうだけだ。

また、幼少期の性行為のみならず、説明してやることさえも、「子どものけがれなき純潔」を危うくすると考えている教育者がまだいるとしたら、そのひとは外国の子どもたちの行動について学ぶべきだ。それらの国の子どもたちは、性について、理論においても、実践においても、文明国のおとなよりもよく知っていることがあるにもかかわらず、わが国の子どもたちよりも、実に、子どもらしく、楽しげで、純心で、けがれを知らず、協調的で、幸福で、リラックスしている。罪悪の重荷をしょわなければ、子どもはすべて無邪気のままでいられる。ただ親や教師たちの性に対する意識によって、おさない者たちが罪悪感を押しつけられているのである。

こういったからといって、わたしはマスタベーションに対して異論がないわけではない。わたしは、いくつかの重要な反論点があると感じている。しかし、それをお話しする前に、このセックス・タブーに対する読者の不安をなくし、恐怖心を克服しておく必要がある。

では、マスタベーションに対する反論にはどんなものがあるのだろう。三つのことがあげられる。第一に、前述のように、マスタベーションにより局部的リラックスは得られるものの、やりすぎると疲れて、あるときにはひどい消耗感を感じさせることも明らかだ。けれども、幼いときから子どもがそのセックスに関する質問に、つつみかくすことなく、正直に答えてもらい、戸外での運動をするようにしむけられていれば、マスタベーションのゆきすぎは起こるはずがない。性本能が危険になるのは、それが理解されず、成長期の子どもにおいて、その高まりつつあるエネルギーが適当な出口をみつけられないときだけである。マスタベーションのしすぎ（一日に数回）があるということは、正体不明の敵に対し、すなわちからだの中で高まってくる緊張に対して、子どもが自分を守ろうとする必死の努力であることが多い。あるいは、親に対する反抗の表現であったり、子どもなりの仕方での親に対する復讐であったり、ときには自己破壊的傾向のあらわれであったりもする。

マスタベーションに対する第二の反論は、ひとりで行なわれると、からだの緊張を増大してしまうことだ。

三番目は、マスタベーションをつづけるかぎり、そのひとの性生活はいつまでも自己中心的なところにとどまり、そのひと自身も成熟することができない。

おとなへと性的発達をとげていく過程で、たいていは、思春期に、いろいろな種類のマスタベーションを経験するものだということは、衆知の事実である。子どもが生後三年間のうちに、からだの諸機能を操ることをおぼえねばならないと同じく、思春期には目覚めつつある性器の中で、次第に強くなっていく圧力を制御していけるように努力しなければならない。このときこそ、子どもはものすごく助けを必要としている。彼らのからだの中で何が起こっていて、なぜそんなにそわそわしたり、緊張してしまうのかを教えてもらって、落ちつく必要がある。このときに、性衝動をコントロールすることをおぼえれば、今後の人生において自分をコントロールすることのあらゆる側面をマスターする土台をすえたことになる。この性生活のはじまりにある嵐のような時代は、すべての子どもにとって革命的である。ときには男の子の精子がどんどんつくられ、どうしても、なんらかの方法でからだをゆるめたり、射精をする必要があることもある。しかし、若者の内部で、親や教師から押しつけられるセックス・タブーによって、性分泌腺に至る神経の流れがせき止められると、性細胞のよどみのない生産が、分泌腺の他の分泌物、性ホルモンの生産と同時にとどこおり、子どもは疲れやすく、気嫌が悪く、憂うつで、神経症的になる。このように苦しめられて、子どもは、健康な、満ち足りた、成熟した結婚生活へ至る道をはばまれることになる。

　きちんとした性教育と同時に、あふれそうな性エネルギーをどう昇華させたらいいかと子どもたちに手をつくして教えてやることが、教育者のつとめであり、そうしてこそ、若者たちが自分たちで、マスタベーションの問題を干渉されずに解決するよう、安心してまかせられるというものだ。

　疑問がひとつ残る。マスタベーションは危険だろうか？　危険があるとすれば、それは――ただしやりすぎでないかぎり――精液や他の性分泌物が無駄使いされることにではなく、セックス・タブーが漠然としたかたちで情緒的葛藤をひきおこし、その影響で、知的あるいは肉体的活動が混乱させられるところにあるだろう。そのような葛藤のせいで、多くの子どもたちが宗教的信仰を失い、不可知論者や、無神論者になり、いずれは、自分の内にも外にも指針がないまま、複雑な世界をただよい、混乱して不幸だったり、あるいは行きあたりばったりで、浅薄な人間になっていく。

　マスタベーションの問題解決のために、わたしがすすめたいとおもう方法をまとめてみよう。

　第一に、自己コントロールの教育を提唱したい――それは、性体験の基本的事実についてそのしくみやはたらきを教えることで、決して、おどしや罰を与えることではない。それは、恐怖や罪悪感を植えつける原因になるだけだ。

　第二に、子どもはまちがいを通して学ばなければならないということを断言しておきたい。子どもには自分でためさせてやろう。自分の緊張の本質と原因がわかりさえすれば、あとはほうっておこう。知識で守りをかためれば、もう思春期の嵐に悩まされることもなく、問題の最善の解決方法は、自分でみつけることだろう。性本能をコントロールすることを自分の意志で決めたことで、男の子は誇りを感じる。それはクリトリスの快感をすてることで女の子がおとなになるのと同様である。

思春期の少年少女の関係は、こうして、正常で、緊張のないものになり、彼らのつきあいは上品で物わかりのよいものになるだろう。しかし、満たされず、そのためひそかな好奇心でがんじがらめになっている若者はそうはいかない。セックスに関する禁止を強めると、それにしたがう子どもたちは、未成熟で、神経症的な状態からぬけられず、それに反抗する子どもたちは、わいせつで、うらおもてのある人間になってしまう。

マスタベーションの問題に対処するこれらの方法が、社会や教会が一般に使っている方法よりも有効なことは実践を通して明らかである。

（注1）　ロバート・ディキンソン博士は、このような考え方は、フラストレーションを生む可能性があると心配している。「クリトリス・オーガズムは、ヴァギナ・オーガズムよりも一般的で、強烈である」と。たしかに、そのとおりだ。しかし、このフラストレーションは、女性が、クリトリスからヴァギナへ、集中を移行するまで、一時的に感じられるだけだ。クリトリス・オーガズムが、ヴァギナ・オーガズムと同じくらい強い感覚であるということはあり得る。しかし、六、七章に述べるように、クリトリスで局部的にリラックスすることは、性交におけるからだ全体の至高のリラックスを不可能にする。

性的な快感には、軽い快感から絶頂の快感までいろいろな程度がある。どんな分野においてでも、訓練と忍耐なしに、その道の達人になることはできない。同じことが、最高の性的快感を求めようとするひとにも当てはまる。特に、女性がまず、その古い習慣、すなわちクリトリスの快感をおさえなくてはならない場合にはなおさらそうである。

第五章　愛のヨガ六カ条

この章では、過去三〇年以上にわたる経験の真髄を述べることになる。これは、この本のもっとも重要な部分である。結婚生活が成功するかどうかは、以下に述べることを知っているかどうかにかかっている。もしそれを知らなければ、結婚生活は失敗へとつながっていき、家庭の崩壊、情緒障害、青少年非行、病気、犯罪などの結果が待っている。

実践的な効果は明らかであったが、三〇年間、科学的に証明することができなかったために、わたしは、自分の発見をおおやけにすることをためらってきた。しかし、物理学という科学が、愛と性の問題にいくつか新しい貢献をしてくれたことに励まされて、たとえ信じがたいことと思われようとも、自分の経験をある程度は読者に提供する勇気を持つことができたのである。

本書で、人間の性的関係について述べるときに使っている「電気」または「電流」、「陽電気または陰電気」という用語は、文字通りにではなく、イメージとしてとらえてほしい。電気の理論は、ことの問題については、まだ科学の共有財産になってはいないからだ。

ある男性が、良い相手をみつけたとしよう。〝良い〟ということは、つまり、その人が性的にも、精神的にも成熟していて、彼とよい関係をつくることができる――彼と一緒にいろいろなことを楽しむことができる――ということを意味している。こういうカップルの結婚生活は、幸せなものであるはずだ。しかし、それでもときには、目もあてられぬ悲劇に終わることもある。それはなぜだろうか。

自分の経験ばかりでなく、法廷での婚姻調停の仕事にたずさわることをも通して、わたしは、失敗の原因が二人の性的関係の中にある、ある種のまちがいに求められることに気づくようになった。というのも、彼らが、性生活においてお互いを満足させることができなくなると、その結婚生活は、不機嫌、狭量、苦痛、摩擦、敵意――これらはいずれも性的な不満をおおっている無意識の怨みのあらわれであると思われる――の泥沼に引きずり込まれてゆく。

なぜ、はじめのうちはカップルは互いに適応しているのに、だんだん離れていってしまうのか。なぜ、妻は不感症で、気むずかしい人間になっていき、夫は緊張して落ちつかず、あるときには性的不能に陥ったりするようになるのか。こういうことは、二人の間にまだ相互の愛情が存在している場合にも起こりうる。なぜなのだろう。

それは、愛と性の本質と、その表現を支配している法則を理解していないからだ。解剖学、生理学、衛生学の教科書のどれをとってみても、これらの問題の基盤が、何千年も前と同様に、解決にはほど遠いかたちで残されている。モルや、クラフト－エビング、ハブロック・エリス、フォレル、マルクーゼ、リンゼー、ヒルシュフェルト、ヴァン・デ・ヴェルデ、ルネ・ギヨン、またその他の偉大な性科学者たちでさえ、「性とは何か」という問題に対する答えを見出せないでいる。F・A・E・グルー教授は「人びとは、生物学者にも性の本質が何であるかという説明がつけられないのだということに失望を感じながら、この問題をどうすることもできないでいる」と述べている。

だから、性教育のどの本をさがしても、性的に引き合う理由が根本的に分析され、評価されているのをみつけられないのだ。それがわかってさえいれば、自分にぴったり合った結婚相手を選ぶときに、大きな力になってくれるはずなのに……。このことはまた、満足のいく性的結合にとって本質的な、ある要素について触れることさえしていない、という事実の理由でもある。

しかし、もし私たちが、それらのカップルの性生活におけるかくれたまちがいをみつけ出さなければ、その和解の可能性を期待することはできなかったのだ。正しい性交において交換され、二人をリラックスさせ、幸福で、満たされた状態にさせる、男と女のからだの中にある生体電位には、差があるということをわたしは経験から確信するようになった。しかし、今までのところ、この理論を確実に証明する科学的な実験が行なわれたことはないということを、読者は心にとめておいていただきたい。だが同時に、この仮説がまちがっているという証明もまだなされてはいない、ということも。

たぶん、生体電位を「放射線」と呼ぶ方が私の立場としては、より思慮深く、ある種の科学者の方がたにとっては理解しやすいことになるかも知れない。しかし、私にはことばの使い方は、人間関係のあり方に比べれば、さして重要なこととは思われない。「生体電位」という表現は、実際、うさんくさい言い方かも知れないが、それが文字どおり本当であるかのように語ることにより、私は、数えきれないほどの性的関係を改善することができたのだ。私の見解は有名な数学者アンリ・ポアンカレに似ていなくもない。彼は、エーテルの存在を信ずるかときかれたとき、「存在するかどうかが問題なのではない。重要なことは、あらゆることが、もしエーテルが存在したら絶対にそうなるであろうと思われるしかたで起こる、ということだ」と答えた。

男と女のからだにある生体電位に差があるということと、その二つのタイプの電気の交換が正しい性的結合を通じて起こるということを、私は以下の四つの例によって確信するようになった。
一、一組の東洋人のカップルのふしぎな経験。
二、世界各地の特定の未開民族における性習慣とタブーの研究
三、カレッツァの実践者の報告
四、ある神経症患者の観察

〔例　一〕

ダマスカスにて　一九一六年二月六日。
ビクトリアホテルのわたしの部屋で、かつてわたしのサナトリウムの患者だったB博士がこんなはなしをした。

「一週間まえにわたしは若く美しいアラブ少女と結婚しました。わたしたちは二人とも非常に愛しあっていました。わたしたちの間で起こったふしぎな出来事は、あまりにもふしぎで、とても興奮してしまったので、それをどうしても専門家に話さずにはいられない気もちになったのです。
妻とわたしは一時間、裸でベッドにねて、からだをぴったりくっつけて愛撫しあっていましたが、性交はしてませんでした。部屋はまっ暗で、あかりは全然ついていませんでした。何も見えませんで

した。それからわたしたちは離れて立ちあがりました。すると妻の姿が見えはじめたのです。彼女の輪郭は青緑色で神秘的な光の後光でふちどられ、それは彼女から発していました。それは後光に似ていましたが、ちがうのは頭のまわりだけでなくからだ全体をかこんで、輪郭がぼうっと見えました。（２９３ページ、文献(1)参照）彼女がそこに立ったので、わたしはゆっくりと彼女の方へ手をのばしました。わたしのてのひらが彼女の胸から二・五センチメートルに近づくと電気の火花が彼女からわたしにとぶのが見え、聞こえ、痛かったのです。二人ともちぢみあがってしまいました」

というのが彼の話だった。わたしは驚きでいっぱいになった。ライヘンバッハの「オッド光線」がからだから発するという説をわたしは知っていた。しかし、当時の科学者がみんなそうであったように、わたしもそれを本気にしなかった。しかし、もしもその若い医者が幻覚におかされていないとすれば、このカップルの例は確かにそれが存在するという証拠なのかもしれない。

わたしにとって同じくふしぎなのは、この話の電気的側面であった。何種類かの魚が体内に蓄電池を持っていることを、わたしは知っていた。しかし人間が、目に見える火花をとばすのに十分な量の異なった生体電気を生じることができるなどとは、とても信じられなかった。するとこんな話を思い出した。ある美容師の話によると、月経中の女性に対しては仕事ができない、というのは、彼女たちの髪にはあまりにも電気がたまっていて、髪をおちつかせることができないからだ。その時はたいして注意を払わなかったことだが、今の彼の話は新しい意味をもってきた。（２９３ページ、文献(2)参照）

すると、また別のことが頭にうかんだ。胎児がかたちづくられるときに、細胞には三つの層がある。すなわち内胚葉（一番奥の層）、そこから内臓が生じる。中胚葉（中間層）からは筋肉、骨、腱が生じる。そして外細胞層（表層）、それは皮膚と神経組織をかたちづくる。われわれが知っていることは、神経組織によって伝達される衝動はそもそも電気的なものであり、神経の活動の一つ一つは電位差の変化によっておこるということだ。皮膚細胞は神経細胞と起源はおなじだ。だからこれら一連のできごとを考えなおしてみると、一緒にねることによって、プラスとマイナスの生体電位が夫妻の皮膚細胞に蓄積されてきたことも可能であったかもしれない。

以後二週間、この新婚夫婦はもっとも忠実に一連の実験をおこない、詳細にわたってわたしに報告してくれた。それがもとになって性交のメカニズムについての全く新しい考え方が生まれた。

第一の実験において大婦は、一時間ぴったりだきあって横たわり、愛撫したりキスしあったあとで完全な性交をして、それは五分間つづいた。二人とも満足したように思えた。これは、わたしの考えでは、性交のあいだに二つのからだの異なった生体電気が結合し中和されたことを示すものだ。にもかかわらず、彼らが立ちあがって互いに近づくと、またもや火花が二人のあいだにとび、これは彼らが瞬間的にはオーガズムで満足したかもしれないが「生体電位」の差は解消しなかったことを示す。二、三日あとで、性交がふたたびおこなわれた。こんどは一五分間つづき、またしても火花が見えた。

この実験の第四回目の性交は二七分間つづいた。このあとで火花はとばなかった。二七分間というのは臨界点であった。

これがB博士の報告で、本当だとしても説明のつかないものであったが、わたしはどうしても彼を疑うことはできなかった。

つづく何週間か、この若いカップルはわたしのために更に実験をかさねてくれた。彼らもわたしにおとらず、人間の性的関係における明らかに重要な要素の真の性質を発見したいと、一生懸命だった。

これらの実験において次のことが確かめられた。もし二人が半時間以上はだかでくっつき合ってキスと愛撫をしながら横たわるということをせずに、そのかわりにただちに性交にはいる場合には、たとえ性交が二七分よりも短くても――二七分というのが、これらの現象を起こさせないために最低必要であると考えていたのだった――ふしぎな光が少女のからだから発することもなければ、二人が性交の直後に立ちあがって近づきあっても、火花がとぶこともなかった。

さらに、これらの恋人たちが発見したことは、二七分以下の性交はすべて、どちらにとってももう一度行為をくり返したいという切迫した欲求をひきおこすということだった。この欲求を、もう一回の短すぎる行為で満足させると、二人とも神経質になっていらいらし、時には肉体的苦痛（頭痛、動悸、ぜんそく、その他）があとでおこったりした。このことは性器の緊張が減少しても、からだ全体の緊張は減少していないことを示すもののようだった。

二七分以下の性交の時、二・五センチメートルよりも遠い距離で火花がとぶことは、彼らのからだの緊張が、短い性交をかさねることでますます高まることを示している。

それに反して、半時間以上にわたる性交のあとでは、神経の緊張から全く解放された。そして性交をくりかえしたいという欲求は、五、六日たつまでおこらなかった。時には一週間もおこらなかった。しかも二人のお互いに対する愛情は増え、二人はこの上なく幸福だった。

くつろいだ幸福の感じは、短い性交のあとでもおこった。もしも夫が射精のあとペニスを抜き出さずに、勃起しないままでもそのまま半時間、ヴァギナに入ったままよそごとを考えず、完全に注意を接触していることに集中しつづけるならば。

彼らの発見によれば、半時間の性交は二人に五日間の深い満足をもたらし、一時間の性交は彼らを一週間満足させ、二時間の性交は二週間にわたって満足をもたらした。同じような永続的くつろぎは、性交なしでも、長時間にわたる肉体的接触によってももたらされた。

少女の月経のはじまる一日まえに、以上のべた状態で生じた火花は、もっと強く、二・五センチメートルよりも遠い所からとんだ。

これら一連の実験は、もし本当であっても特殊な例であり、結果はこのカップルだけにあてはまるとか、せいぜい特別な状態にある他のカップルにしかあてはまらない、とわたしが考えたのも当然であったろう。わたしはしめった空気、床にしいた厚いペルシャ風カーペット、互いに情熱的に愛している若いカップル、などのことが、以上に観察された現象をひきおこすのに特に有利な条件をつくっていたと考えた。

しかし、のちになって、B博士の報告は他のカップルの同じような経験によって確証された。

わたしの科学者の友人の多くは、わたしの経験が科学的にテストされ、証明されるまでは発表しないようにすすめた。さもないと、わたしはたいへんな反対をうけるだろう、と彼らはわたしに警告した。

すでに述べたように、わたしは三〇年以上も彼らの忠告にしたがってきた。というのは、もし誰かほかの人がそのようなできごとをわたしに話したら、わたしは彼の誠実さを疑うか、または彼が何かのまちがいか幻覚の犠牲者ではなかろうかと疑うほかなかったろう。わたしの経験が本当であり、錯覚とか幻覚の産物でないことを知っていたとはいえ、そのような信ずべからざるできごとについては黙っている方が賢明であるし、特にわたしの経験がそのようにデリケートで個人的なものであり、公開することができないものであることを、わたしはわかっていた。

わたしが思い出したのはマルコ・ポーロの運命で、彼は軽蔑の雲につつまれて死んだ。当時の人は彼をインチキだと思った。誰も彼が見て描いた中国の存在を信じなかった。

しかし、いま七〇歳に達し、そのような懐疑論に対する不安は、もはやわたしを悩まさない。わたしは確信する。たとえそのような懐疑論が今日どのように正当視されても、それは死後、わたしの発見が証明された時に消え去るにちがいないと。

〔例 二〕

アラビア人夫妻の実験から引き出された結論を支持するものとして、完全に実証できるとまではい

えないが、未開人の性習慣についての観察を次に述べよう。

南太平洋の原住民たちは何時間も赤ん坊の肌を手でこすってあやす。たいていの母親は赤ん坊を裸の背中におんぶして働き、赤ん坊は緊張がなく、幸福でいる。なにが幸福にさせるのか？　もしかしたら、おんぶの肌のふれ合いと、その電気的平衡が緊張をゆるめるのではないか？　母親なら誰でも知っていることだが、泣きさけぶ赤ん坊は母の胸にだかれたら、乳を飲まされなくても泣きやむ。

すでにのべたように、人工栄養で育てられ赤ん坊のときに母親に添寝してもらえなかったり、いわゆるスキンシップがあまりなかったような子どもは、たいてい、おとなになってからの愛情生活でハンデキャップに悩まされる。おとなになってから、こういった女の子はひっこみじあんで性生活の幸福をすすんでうけようとしない。こういう女の細胞の生体電気をおこさせるのはとても難しく夫を困らせる。メラネシアの女は子どものからだを何時間もなでさすり、かわいくてたまらないというふうに息を吹きかけるが、これは子どもの生来の能力をいかにしてそこなわずに守るべきか、最善の方法を直観的に知っているのではなかろうか。ハブロック・エリスがはじめて、説明ぬきで指摘したことは、なでたりさすられたりしない子どものあいだでは乳幼児死亡率が三〇パーセントも高いということだ。もし過充電による細胞の緊張過度ということを考えてみれば、これは理解できるのではないか？　子どもが両親のねどこに入りたがるというのもこれで説明がつくだろう。

たいへん教訓的なのは南太平洋原住民の少女たちの、特に西欧の影響が彼らの昔ながらの風習をみだしていないところでの、性生活である。

思春期になると女の子は家をはなれ、別の小屋にうつり、そこで自分で選んだ四人の男の子とねる――ひとり六カ月ずつ。こうした二年の試験期間のあとで、いちばんリラックスできた男の子と結婚する。こういった結婚は幸福で、不貞なしに一生つづく。

彼らの愛のいとなみもまた教えられるところが多い。彼らは普通多くて五日に一回以上は性交しない。他の夜は一緒にだきあってねて、それもひとつの芸術的なものだ。性器どうしは触れあわさない。性的結合のための準備は少なくとも半時間かける。彼らは愛撫し、だきあい、キスし、嚙みあい、二人が帯電するまでつづける。しかし絶対に男は女のクリトリスにさわらない（成熟した女はクリトリスの興奮は完全に卒業しているはずだ。それは子どもの特性なのだから。思春期をすぎればこういった興奮は正常ならばヴァギナに集中されているものだ）。性交が始まると彼らは結合したまま、少なくとも半時間、ときにはもっと長時間にわたって、動かさずに、横たわっていてからでないと、いかなる動きも始めない。クライマックスのあとでも、彼らは長時間にわたって結合したまま横たわっている。これの意味は、彼らは性交がうまくいき、たくみに二人のからだに起こされた電流が平衡状態に達したことの恵みを楽しんでいるのだ。

英領ニューギニアのトロブリアンド島民は、文明人の性生活をからかって、男女の観衆の前で、忙しく、落着きのない、ぶきっちょな西洋人の愛のテクニックをまねしてみせる。お客はこの低級な性的文化の戯画をおかしがるが、それは俳優たちが誇張しているのだと信じている。彼らの経験によれば、それほど準備不十分で、それほど本番を急いだら、どんなカップルでも性行為を楽しむことはできないはずだから。彼らはこんな説明をする。「一時間たつと祖先のたましいが目覚めて二人の結びつきを祝福しにくる」。このことの意味は、これらトロブリアンド諸島の恋人たちにとって、性行為を長びかすことは義務であり、祖先に対する務めである。あまり短い性の結びつきは罪悪感と悔恨で彼らを苦しませる。

もう一つこれらの島民から学ぶことは性交中の二人の位置である。第一のルールはからだの完全なリラックスと、圧力や緊張からの解放だ。このため男が女の上にのることはない。そうすることは女を閉じこめ、運動能力をうばうことになる。長い性行為においてこれは耐えがたくなり、もし男が自分を少しもちあげて軽くしようとすれば、彼の筋肉は完全にゆるむことができず、彼の電流のある部分は腕や足に流れ、彼の性器に集中できないだろう。男上位に対するもう一つの反論は、この位置だと、彼はクリトリスにさわりやすいが、これは避けるべきことだ。もっともリラックスした体位は後で「愛のヨガ六カ条」で述べる。

彼らはときにはねどこの反対の端に二人の頭が来るようなねかたをする。拡げた脚を二つのペンチのようにあわせ、性器が一番ぴったりくっつきあい、しかもヴァギナには入らないようにする。この位置で彼らは性交をするつもりのない時は眠ることがある。

原則として、性交の日にはあらゆる形の愛のいとなみ——キス、だきあい、なであい、かみつきあい——が許されるばかりでなく、それらは性行為、つまりわれわれの用語でいえば、細胞に電気を起こすことによって、本質的部分であり、正しい準備であると考えられている。しかし完全な性交に達したときには、もはや愛撫は許されない。すべての注意、すべての電流は、完全に、妨げられることなく、性器に流れていなければならない。そのほかの夜はすべて、性交なしに、いっしょに裸のからだとからだをくっつけあってねる。そうして朝には深いくつろぎで目覚める。そのような夜は愛撫したりキスしたりしない。それらは性交への前奏曲であり、必然的に興奮へと導くものだから。

これら島民が従っている習慣は彼らにいろいろなことを勧めている。彼らは子どものときから人間の幸福にとってもっとも必要なわざ、愛のわざを開発するように訓練されている。しかしこれは、ほかのわざと同じく、一日で身につけることはできない。

愛とセックスに関係あることがらにおいて、これらの島民は彼らの習慣の意味を自覚している。なぜ赤ん坊が長いこと乳離れしなければしないほど、おとなになってから恋人にうまくキスができるようになるかを、彼らは知っている。「きわめようとしたら、若いうちから使わなくてはならない」と彼らは言う。「だからくちびるは赤ん坊のときから感じることを練習するべきだ」。同じように、すでに見てきたように、そういう赤ん坊は未来の恋人に対して、より感じやすく魅力的であるだろう。「いい肌ざわり、いいやりとりをもっている」と彼らは言う。何のやりとり？　このことからこれらの未開人が、実はからだの細胞がたやすく発散できるようになるまで訓練されるべきであり、あまりにも厳しい育て方で閉塞されてはいけないということを知っていることがわかる。

これらのひとびとは自分たちの子供に「第一の思春期」（約四歳）がくると性器の感覚を自覚する

ように教える。というのは、あとでよく愛せる人間になるためだ。両親は子どもの性事に干渉しない。タブーを破らない限り。その結果、誰も愛情を示すことを恥じたりはしないし、性の表現は決して笑いものにされたりしない。それどころか、それは神聖なものとされる。性について無関心でいることは一種の悪徳とされる。

われわれのよく知っている態度や習慣とこれほど違うことの結果はどうだろう？　これらの子どもが受ける実際的性教育にもかかわらず、彼らは無邪気な子どもで、幸福でのびのびしている。結婚はうまく調和し、離婚は知られず、神経症は存在しない。

〔例　三〕

われわれの性生活を新しく理解するのに重要な第三のよりどころはカレッツァとして知られている特殊な性的結合のしかただ。

カレッツァは例外的に自制力のあるひとびとのグループによっておこなわれる。それはふつうの性交をひじょうになびかせたもので、きわめて高度な満足をもたらす。

カレッツァが、アメリカ・インディアンによっておこなわれていたようすは、百年まえにオナイダ・コミューンのジョン・ノイズによって、またのちにアリス・ストッカムによって報告されている。カレッツァはアメリカでは一時はかなりひろまっていたが、いまはおとろえている。しかし、それはインドではひろくおこなわれてきたと、わたしは聞いたし、エジプトでもよく知られている。

カレッツァという語のいみは断念ということだ。それは性交においてあるひとつのことそれだけを断念する。つまり男の射精を。それ以外は肉体的には完全に結合し、ながびかせ、うごかずいると、半時間すると、一種の至上のよろこびがはじまる。それは自然が、最高の自制に対して何千倍ものむくいをあたえるのだ。

それは接触がつづくかぎりつづく。何時間も。そして二人のパートナーはねむりにおちる、さわやかな、夢のないねむりに。翌日ふたりはものすごい幸福とくつろぎの状態になる。彼らはいままでよりもずっとおたがいを好きになる。

よろこびの時間がはじまる時間に注意するべきだ。約半時間の性交のあとということは、アラビア人夫婦の性交の時間とおよそおなじで、そのとき彼らふたりのからだのあいだにとびかう電気のスパーク現象はなくなったのだった。このことがしめすのは、われわれの理論によれば、こういうことだ。すなわち、ながい性交のあいだにふたりのからだの細胞から放出され皮膚にためられていた生体電気が、ふたりの性器にながれて行き、そこで電位差をもった二種類の生体電気が出会い、たがいに中和しあう。それらが中性になるにつれて、ふたりのからだの電気的緊張はなくなり、完全なくつろぎの状態になる。

そのような完全なくつろぎのあとで、からだをもういちど充電するには時間がかかる。だからカレッツァをうまく実行するには一週間から三週間のあいだに一度しかしてはならない。

プラトンは、二四〇〇年まえに、なんらかのかたちで射精とオーガズムによらない性交について知っていたらしい。

愛の性質についてのプラトンの対話篇『饗宴』から引用しよう。

「わたしのかんがえでは人類はぜんぜん〈愛〉の力の理解が行きわたっておらず、愛神をおがむためにりっぱな神殿や祭壇をつくったり大きな儀式をしたりはしない。愛神は、ほかのどの神にもまして、崇拝と名誉にあたいするのに、彼はいまだにぜんぜんかえりみられていない。

とにかく〈愛〉は、すべての神々のなかで、もっとも人間の味方であり、傷をいやす医者であり、彼の治療こそ人類にあたえられる最大の幸福であろう。

というわけで、わたしがのべてきたように、はげしく……愛と欲求にうたれると……一瞬間といえどもわかれがたくなる。彼らこそは一生をたがいにささげあい、むなしく言いがたいあこがれをもって自分でもわからない何かを互いにもとめあう。それはたんなる性交の感覚的よろこびをもとめて、ふたりがそのように真剣に献身しあうのではなく、互いのたましいがあきらかに渇望しあうのは、ことばではいうことのできない何かをもとめてなのである」(傍点筆者)

この引用からあきらかなことは、プラトンは愛の関係には、オーガズムにおける男の精液と女の腺分泌の放出以外のなにものかがある、ということをよくしっていたということだ。

この「以外のなにものか」とはなにか？　それはいわゆる「精神的愛」として多くのひとびとがプラトンの愛を理解しているような、たんなる友情か？　そうとはおもわない。それはぜったいにもっとちがうなにものかでプラトンが経験したが説明できずにいたものだ。

現代科学の発見を大昔のこの偉大な思想家が利用できたなら、彼は、きっと、ここで問題にしている事実に対して神話的説明をもとめようとはしなかっただろう。その説明を彼は生物学の発見と、電気を支配する物理的法則の発見に、みつけただろう。彼はこういっただろう、ひとの幸福を左右するのは、そのひとの電気的放射とおぎないあうようなひとと接することがあるかどうかによる。すなわちマイナス電気で満たされた男の緊張は、プラス電気で満たされた女——彼女の波長に彼があうような——そういう接触をする以外に解放はない。この仮説は、きっと、あの有名な対話で彼がアリストファネスの口をかりて述べた、神に人間の姿を投影したかんがえよりは、ずっと真実にちがいないと信じる。

そうなのだ、うたがいもなく、プラトンはこう知っていた。ふたりの恋人のあいだの放電のやりとりのなかにこそ性交それ自体よりも深い、もっとすばらしいよろこびがあることを。しかしプラトンの愛は「カレッツァ」ではない。

わたしはこういう主張のもととなる、もっとほかの経験をよくしっている。

人体の測定可能な電気は性器においてもっともつよい。だからといって、無数の電源からの電気の量が、それがいかにつよいといってもひとつの流れからの電気の量よりもつよくないはずはない。例としてあげた経験から、わたしの信じるところでは、これらの無数の小電流は、直接、それらどうし流れこみ、たんなる身体的接触だけで、性交なしでも、均衡に達することができるのだ。このやりとりは、二、三時間というよりは数日間にわたっての喜びに充ちた気持ちを持続させる。

〔例　四〕

性生活についてのこの新しい理解の第四番目のよりどころは、そこから筆者が実践的に価値のある結論をひきだすことのできた経験で、それはある神経症的少女の例だ。この特異なケースの詳細はわたしのノートからとったものである。

一九二六年三月、わたしは、かりにメアリーと呼ぶ若い女性の世話をすることをたのまれた。彼女は、二三歳なのに一六歳に見えた。このばあいの精神分析は無益とおもわれた。フロイト、アドラー両派の有名な分析医たちが彼女を救おうとしたが、できなかった。というわけで、わたしがたのまれたのはこの絶望的とおもわれたケースを治療するというのではなく、ただわたしの療養所で彼女に職をあたえ、男というものにあわずにしごとをできるようにしてやることだった。というのは彼女の神経症の症状というのは、男に対する根深い恐怖であったから。ただ男を見ただけで彼女は口もきけなくなった。彼女の思春期以来、男はひとりとして彼女と握手することさえできなかったのだ、と彼女の母親はいった。メアリーはうつくしいからだとかわいい顔、ブロンドで、大きな青い目が、氷の結晶のようにつめたく、知的で教養があった。彼女は数多くの青年とそれほど若くない男たちのみたされない欲望の対象だった。

母親からきいたところによれば、メアリーはひとりっ子だった。そして彼女はハンガリア貴族のおとしだねで、その貴族の名は母親さえも知らないのだった。彼女は二人のおばのきびしい監督のもとにそだったが、それは誘拐をおそれてのことだった。それで彼女の恐怖感が説明できるだろう。

メアリーの父親がいないことは彼女をたいへん不幸にしたので、彼女が一二歳のとき、母親は、メアリーの父親ということにして、ある男と結婚した。メアリーはその男がほんとうの父だとおもいこまされていた。彼は子どもにしんせつで忍耐づよかったが、メアリーはふかく母親とつながっていたので、けっして彼をすきにならなかった。この嫌悪感はますますひどくなり、ついに三年後に、娘を満足させるために、母親は離婚したが、かえって予想もしなかった結果になった。メアリーは母親からもはなれてしまった。

わたしはわたしの事務所内にメアリーのためのしごとをつくり、めんどうはわたしの秘書にみさせた。彼女はすぐにひじょうに役立つようになり、まれにみる才能でむつかしいやりとりをさばくようになった。しかしわたしが事務所で彼女にはなしかけても気が転倒しなくなるまでには何カ月もかかった。

メアリーがわたしの存在にがまんできるようになったころ、わたしの助手のフレッドが彼女と情熱的な恋におちた。彼はりっぱな人物の若い内科医で、わたしの親友のひとりだった。メアリーは、わたしの見たところでは、彼にふかい印象をうけたようだった。生まれてはじめて彼女は男に対してなにがしかの共感をもった。とはいえ彼女の恐怖感は、彼に対してめざめた感情よりもつよかった。フレッドは、彼女の特異性を知っていたので、それを尊重した。彼はぜったいに肉体的アプローチはしなかったし、仕事の必要以外ではぜったいにちかよらなかった。

何カ月もたった。メアリーの臆病さはだんだんにへった。彼女はフレッドを信頼するようになった。彼は決して境界線をふみこえないことがわかった。六カ月後に、この恋愛はつぎのようなわたしのアドバイスによって、解決した。彼らは結婚したが、フレッドはけっして彼女に性的にアプローチしたり、そういったこころみを説得することさえもぜったいにしてはならない、という条件つきであった。それは一五年まえのことだった。

このおかしな結婚の結果はどうなったか？　フレッドは約束をまもり、メアリーも態度をかえなかった。ふたりのあいだで性交へのこころみはぜんぜんなかった。メアリーの肉体的に正常な性器に対する精神的障害はいぜんとしてそのままだった。しかしこの禁欲からたとえようもないむくいが彼らの関係にもたらされた。

床入りなしの結婚が六週間つづいたあとでフレッドに対するメアリーの愛は彼におとらず情熱的なものになった。そのとき彼らははじめてはだかどうしでだきあって一夜をすごした。フレッドは超人的な努力をしたのだ。私との約束をまもるため、彼は性器をコントロールせねばならず、そこへむかうすべての神経のながれをたちきり、そこへむかうすべての欲望をたちきらねばならなかった。メアリーがこれまで苦しんできた神経症の状態へ、フレッドは最大の意志の力でもって、一挙に到達しなくてはならなかった。これをする最善の方法を、彼はみつけた。それは彼のすべてのかんがえと感覚を、彼のすべての自覚を、メアリーと触れている自分のからだの全部分に集中することだった。

彼らはだきあってよこたわり、完全にリラックスし、このからだの接触をよろこんでいた。すると、約半時間後に、フレッドによれば、いうにいわれないなにかが彼らの中に流れはじめ、彼らの肌の細胞のひとつひとつが生き生きとよろこんでいることが感じられた。これはフレッドがいままで経験したこともない狂喜とよろこびをもたらした（ふたりがねるまえに風呂にはいらないと、このよろこびは減った）。そしてメアリーも、彼によれば、おなじく感じた。彼の印象では、これら何百万のよろこびのみなもとがとけあってひとつとなり、メアリーと触れあっている彼のからだの肌の部分へとながれた。彼のからだはとけたかとおもわれ、時間空間はなくなった。すべてのかんがえはきえ、彼はことばではいいあらわせない感覚的よろこびで燃えつくした。それに対するメアリーのことばは「超人間的」「神聖な」というのだった。ふたりとも、フレッドによれば、その瞬間には死の恐怖をすっかりわすれた。これは、彼らの感じでは、死後の世界をかいまみたにちがいない。彼らはすでに物質の世界と精神的宇宙のかけ橋に立っていたのだ。彼らは天国をあじわった。

この恍惚的経験は一晩中つづいた。しかし、七時間たつと、息苦しい感じになってきた。ふたりはすぐにはなれなくてはならなかった。この感じを無視しようとすると、ふたりはおたがいに敵意を感じた。しかしシャワーをあびるとか、ぬれたタオルで体をふくとかすると、もういちどベッドへもどって、またかんたんにあの超人間的祝福の状態にはいることができた（わたしはこの現象を説明できない。しかし説明は、それがみつかるとすれば、たぶんなにかの物理的法則、逆電流に関係があるだろろうとおもう。もういちど読者にもおもいだしてほしいことは、そもそも神経と皮膚の細胞は、胚としては、おなじものだったのだ。それがたぶん同様な逆電流を説明することになろう）。つぎの日ふたりともこのうえなく幸福でくつろいだ気分でいられ、生命力とエネルギーに満ちあふれ、あらゆる種類の不安、神経質、怒りとは無縁だった。

以前に経験したふつうの性交の満足の種類と、このメアリーとのあたらしい歓喜の経験をくらべてみて、フレッドは、そのちがいは地上と天上の愛のちがいだといった。このあたらしい経験によりもたらされた永続的につづく超人間的な幸福にくらべれば、自動的な射精のあいだの瞬間的なよろこびなど、ほとんどくらべものにならなかった。

一〇年たった。メアリーは自己中心的、反社会的な、つめたい心の少女から、あたたかい、おもいやりのある、しんせつな女にかわった。ふたりは、はじまったころとまったくかわらず、たがいに献身的に愛しあっていた。

これがメアリーとフレッドの物語りだ。想像をこえたものだが、一言たりとそれをうたがう理由はない。

ここからまなんだことをわたしは他のカップルにつたえた。あらゆる条件がととのってさえいれば、結果はおなじであった。この経験の集積がわたしにプラトニック・ラブをなっとくさせた。それは、かなりたしかに、純粋に精神的関係とか、カレッツァというよりは、この種のことだったにちがいない。『饗宴篇』のことばが示す「彼らが何だかわからない何か」、それを恋人たちはお互いから得ようと恋こがれるのだが、それは生体電気の交流で、それによって彼らのからだが完全にリラックスすることだ。ということの意味は、彼らの崇高な感情は、散文的なことばでいえば、緊張から完全に解放される、ということにすぎない。彼の生体電気から生じた緊張から彼女をリラックスさせることができればできるほど、そのひとはパートナーから欲せられ、おたがいの愛はますます情熱的になる。

インド哲学を研究したときに、わたしはなぜニルヴァナ（涅槃）がヒンズー教徒によってあのようにのぞましいものとおもわれるのか、ぜんぜんわからなかった。いかにしてニルヴァナすなわち「無」の境地が生きる目的になりえるのだろう？　しかしフレッドとメアリーの経験がわたしにわからせたことは肉体的緊張をなくすということは至高の経験であり、地上のいかなる快楽もそれにくらべることはできない。ということは、われわれのからだのなかの緊張がなくなって、絶対的リラックスの状態に達すると、われわれはからだがなくなったかのように感じる。このかたちの「無」はたぶん東洋人がニルヴァナと呼んでいる幸福にちがいないものなのだろう。

それ以後、メアリーとフレッドの物語には新しい一章が追加された。メアリーの母性本能がめざめた。彼女はいまや三七歳で結婚生活は一四年間に及ぶ。たぶん彼女の子どもをもとめる気もちが、しつこい神経症を克服するたすけになったのだろう。とにかく、夢をとおしてこんなことが発見された。メアリーの養父は彼女にいたずらしようとして、一二歳の彼女のはげしい拒絶にあったのだった。

メアリーにとってこの経験は二重のショックだった。彼女は自分の立場においてショックをうけた。というのは彼をほんとうの父親だと信じていたから。それから彼女の母親にかわってショックをうけた、というのは母親はその男をふかく愛していたから。このことで子どもは口をとざすほかはなかった。このようにしてひきおこされた情緒的葛藤から彼女は神経症へ逃避した。しかし、夢によってメアリーの無意識はその重荷をとりさることができ、彼女を封鎖しているものがなくなった。それは彼女のほんとうの父親がおそったのではない、ということがわかれば、なおさら容易なことであった。

するとそうはじめて、メアリーはフレッドとふつうの性交をした。ふたりが流れを性器に向けることができるようになるまでいくらか時間がかかった。そして、フレッドはついに、ふつうの反応をすることができるようになったが、彼の勃起力はいまだによわく、メアリーに十分な満足をあたえられるだけつづかなかった。ふかく失望して彼らは以前にたのしんだ美しい性生活へもどりたくおもった。彼らはやってみたが、だめだった。あの楽園への戸は閉ざされてしまった。彼らの解放された流れはこんどは自動的に性器へながれ、直接に肌から肌へとながれなくなった。どんな意志力をもってしてもそれをとめることはできなかった。彼らはアダムとイブと彼らの失われた楽園の物語をくりかえした。

このことを念頭において「創世紀」の第三章をよむと、おどろくべき象徴的な意味をみつけることができる。

この種類の人間の性的な関係の効果を研究した結果、わたしはある種の結論を得た。

性交のカレッツァ方式の実践はおもったよりむつかしく、カップルのたがいの愛が十分しっかりしたものでなければ、この方式は効果がない。さらに、そのようにきびしく自分自身をコントロールする意志力をもったひとはざらにはいない。「カレッツァ」ということばのいみは、「拒絶」することであり、睾丸のなかの精子のうごきひとつひとつがコントロールされていなくてはならない。それはかんたんではない。それは時間ときびしい訓練によってはじめてこれらの器官のごくわずかなうごきもおさえることができる。ひとたび精液がながれはじめたら、それをとめることはできないし、よいことでもない。そのようなばあいはカレッツァ方式はあきらめて、射精のおこるのにまかせるほうがよい。射精とオーガズムという、ふつうの感覚を、どちらも完全にさけながら、からだの電流の結合にともなう感覚へときりかえることは、きわめて強い確固たる性格にのみふさわしい難事だ。しかし、それがもし達成されれば、結果は完全に手段の正当化を証明する。もし適当な準備さえあれば、精力のよわい男も、半時間がすぎれば、確固たる勃起を数時間にわたって持続でき、しかもなんの疲労感ものこらない。

これの実行の結果についての悪いうわさはナンセンスだ。すぐれた専門家であるヴァン・デ・ワテズによれば、彼はオナイダ・コミューンでこれを実践した四二人の女性を調査したが、彼女たちは完全に健康で、幸福であり、調和的であった。わるい結果がおこるのは精液のながれがはじまってから、それをとめようとするときだけであり、そのときは軽いめまいをおこすことがある。

とはいえカレッツァのみにふける性生活はふつうの健康な男女にはむいていない。われわれの地上でのつとめは生むことである。われわれのなかの電気によって生じた緊張がわれわれをかりたてて生殖を可能にする。とにかく生殖しないひとたちはこの自然の法則にしたがわないことに対して、ばくぜんたる生きることの不満、その原因はたいていよくわからない、というようなかたちでむくいをうけるのがふつうだ。

　カレッツァによって可能となる性的幸福が証明することは、オーガズムが性の幸福にとって本質的なのではなく、むしろ生体電気の交流こそもっと本質的であり、オーガズムと統一されることができる、ということだ。

　こういうかんがえは、過去三〇年にわたって、筆者に助言をもとめてきた多くのカップルの経験と観察により支持され、ついに次にのべる愛のヨガ六カ条というかたちで要約されるようになった。多くのうまくいかない結婚生活に愛とハーモニーをとりもどすのにこれら六カ条の応用はたいへん有効であった。

一　準備

　なでたりキスをしたりという愛のたわむれの時間が性行為以前にあるべきだ。この前奏曲の間、全身的な肌の触れ合いをじゃまするものがあってはいけない。そして男はやさしくなでて女の感覚をヴァギナに集中させるようにし（クリトリスは絶対に避け）、ヴァギナを完全にしめらせておく。ヴァギナがぬれていなければならないわけは、ペニスが入るのを楽にするだけでなく、水は電気の良導体であるからだ。かわいたヴァギナでは、二人の生体電気の異なった電位が均等にならず、不感症の主な原因となる。

クリトリスの刺激を避けることは、それがどれほど気もちよくても、重要である。というのは、未成熟な、ヴァギナ以前的発達段階ではそれが注意の中心であり、女の関心がうまくヴァギナに転移させられないかぎり、この未熟さが結婚生活にひきつづきもちこまれるからだ。

このクリトリスの刺激を避けよとの警告をくりかえすのは、セックスについての何人かの著述家の忠告に反対したいからだ。彼らは未熟な患者の欲望に屈し、愛のたわむれと、刺激としてクリトリスのマスタベーションをいまだに勧めている。このあやまちにより、彼らは患者から完全で理想的な性の満足をうばいとっている。この悪習慣だけでも、何人かの女を不感症にするのに十分だ。

女は二種類のオーガズムのうち、どちらか一つをもつことができる。——クリトリス・オーガズムまたはヴァギナ・オーガズム。クリトリス・オーガズムしか、ほとんどの未成熟な女は知らないでいる、たとえヴァギナ性交のさいちゅうでも。彼女たちがそれによって得られる満足は半分だけである。しかしながら、もし彼女たちがその半分の満足をあきらめられるならば、彼女はやがて深い成熟した満足が、ヴァギナと子宮の入口の刺激から生じたオーガズムにより、もたらされることを学ぶだろう。それにしても、そのような女は、慣れた感覚を失い、正しい感覚を手に入れる前に、性的に死んだような時期を通りすぎることになる。しかし二〜三週間の集中と忍耐と意志の力は、豊かなむくいをもたらすだろう。

性交への前奏曲それ自体がもう一つの前奏曲を必要とする。互いに親切にやさしくしあう一日だ。

夕食のテーブルで女とひどく口論したら、男の求愛に女がやさしく反応することなど期待できない。彼に対する彼女のうらみは、彼女の細胞から生体電気を通じなくするだろうし、彼女の感情の乱れは彼女のエネルギーをたいへん吸収してしまうので、性交は、それがうまくいったとしても、彼女を消耗させてしまうだろう。

かわいたヴァギナの性交は、生気に欠けた純粋に機械的な行為だ。この種の性交はしたがってマスタベーション的であり、その結果はいやでたまらなく憂うつだ。これはローマのことわざ「ビーナスはよろこんで来るが、悲しんで去る」にあらわされている。これは売春婦と、お客とのあいだの性行為についてあたっている。そのような関係は、小さく、消耗的で、みにくく、にがいフラストレーションのあとあじを残す。

しかし、互いの調子に合った、遠慮のないセックス・パートナーが、性行為に対して完全に準備ができていれば、性交のあとで、さわやかさと、幸福を感じるだろう。二人の愛はそだち、深まる。

二　体位

前戯のあとで、二人は次の体位をとるべきだ。それは運動の完全な自由をゆるすと同時に、筋肉の努力を全然必要とせず、クトリトスの刺激も避けることができる。女はまずあおむけになり、両ヒザを乳房にさわるようにもちあげる。男は右むきに、彼女の左側に横たわる。つまり自分の左足が右足の上になるようにして彼女の方を向くのだ。この位置で彼は両足を彼女の両モモの下におき、女は彼の左のヒップの上に両足をおとす。そのようにしながら彼は胴体を彼女の胴体からひきはなす。彼女はあおむけでベッドにたてになっているが、彼は右むきに横たわりベッドの幅の方向になっている。彼女たいていのカップルは男が左足を女の両足のあいだに入れることを好む。この位置を理解するには時間がかかる。そこで要約してみよう。

問題の体位に達するためには、二人は次のうごきをする。

㈠ 二人ともベッドにあおむけにねる。男は女の左側に。
㈡ 女は乳房にふれるまでヒザをあげる。
㈢ 男はこんど女の方を向いて、右むきに横たわる。つまり左足が上になる。
㈣ 次に彼は上半身を女からはなし、彼女と直角にねるようにする。彼の両モモは彼女のもちあげられた両足の下にあり、彼のペニスは彼女のヴァギナの入口にぴったり触れている。
㈤ 彼の右モモは彼女の尻の下に残したまま、左足を彼女の両足のあいだに入れ、彼女のもちあげられていた右足を彼の右足の方へおさえつける。

このややこしい描写は、こんどは、次のように簡単にいえる。

男は、女の左に横たわり、彼女の方を向いて彼の左足を彼女の両足の間に入れ、二人の性器がぴったり触れ合うようにする。そうすれば自然に以上のべたうごきができる。

この接触ができたら、二人は足をどのようにしてもよい。性器接触がじゃまされないで続けられるかぎりは。男も女もこのようにして、あらゆる筋肉をゆるめて横たわることができ、しかも好きなように完全な自由をもって努力なしに動きまわることができる。接触がそのようにぴったりといっているので、性交のすんだあとでもこの位置のまま、性器をはなさずに眠ることができる。

以上のべたような完全にリラックスした位置で横たわることによってのみ、男は彼のオーガズムを、女が満足するまでひきのばすことができる。

有名な性の専門家が「男と女が顔を向かい合わせて会話ができる」ような体位を、人間にとって自然なものとして勧めている意見に対して、わたしは全く反対するものである。

わたしが正常と考える体位においては、もし男が指で陰門の大陰唇と小陰唇をあけてヴァギナの入口めがけてペニスを入れてやれば、もっとぴったりくっつき合うことができる。

この瞬間において、からだの他の部分に対するすべてのキスと愛撫をやめなくてはならない。それはめざめつつある生体電気の流れが性器へ向かって、じゃまされずに流れるようにするためである。

この位置ではペニスが勃起しているかどうかは問題ではない。大切なことは、それの先きがヴァギナの入口で小陰唇の粘膜に接触していることである。

半時間後、二人の放電の交流が確立した時に、たいていペニスは勃起しヴァギナに入ることができる。インポテンスの神経症的原因が最初に取り除かれていれば、今までインポテンスであった場合でさえも勃起がおこる。

三　継続時間

男が射精をがまんすることをおぼえるまで、以上のべた位置がふつう少なくとも半時間、ヴァギナの外でとられなくてはならない（準備時間は、もし二人がそれ以前に興奮しているならば、短縮してもよい）。完全な性交、すなわちペニスの先がヴァギナの奥深く入り、子宮の入口にさわる、完全なまじわりはこうでなくてはならないが、こんどはこれにうつる（「すなわちスイッチを入れて言うに言われぬ恍惚の電流をながすことだ」Ｎ・Ｊ・ハービー）。射精なしのこの性交はふつう半時間つづくが、この時間はのばすほどよく、一時間にもできるし、「カレッツァ」の場合は二時間から三時間にもすることができる、もし二人が動かないままでいれば。

多くの男はヴァギナに挿入する時の刺激がすごく強いので精液の放出をがまんできないと不平をいう。このいわゆる早漏は、たいていの場合、多くの初心者や、時には医者さえもが信じているのとはちがって、病気ではない。それは未成熟に特有な弱さと見なされるべきだ。ちょうど子どもが尿をコントロールするために括約筋を練習させなくてはならないのと同じく、おとなもオーガズムに対する切迫した欲求を抑えることができるようになるまで、彼の筋肉を練習させることができるはずだ。早漏で「悩んだ」男で私の知っている大部分の人は、甘やかされた、感覚におぼれる人たちで、自分の感情をコントロールすることを覚えなかった人たちだ。

セックスと性格は手をとり合って進む。もし弱い男の性格を強くしたならば、彼の早漏を克服する手助けをもしたことになる。精液が流れ出るところの筋肉を収縮することによってのみ、射精はおくらすことができる。これは一歩ずつマスターするのだ。まず彼は精子を二分間とどめることを覚え、次に五分、次に一〇分、といったぐあいに、ついには目標の半時間とか一時間に達することができる。

これらの練習で大きな助けになることは、ヴァギナの中で動かずにいることだ。性行為中の摩擦は電気を生じる。もしも、この不動の性交の練習中に、勃起がなくなるようなことがあったとしたら、それは彼の性器に流れるべき生体電気が中断されたり、そらされたりした結果だ。これにがっかりすることはない、というのは、勃起はまた戻ってくるかもしれないし、このかたちの自制が完全に自動的になって頭をつかわなくてもよくなったら、その後の練習中に完全に力強く回復されるだろう。

たとえ男が半時間の性交以前にオーガズムになったとしても、ひき出してはならない。動かず、オーガズムのあと少なくとも半時間は、勃起の有無にかかわらず、そのままにしていなくてはならない。

この規則ひとつに従うだけでもカップルはたいへんリラックスできるので、あまりにも短い性行為にしばしば伴う緊張と不満がほとんど消えてなくなり、嫌悪を満足にかえることさえある。（279ページ、(31)参照）

四　集中

すべてのはじめから、性行為のあらゆる段階において、すなわち前戯とヴァギナ外の接触と、奥深い完全な性交は、あらゆるこまかい点にいたるまで完全な集中をもっておこなわれるべきだ。なにごとも二人がしていることから注意をそらせてはならない。彼らは自分自身を訓練して自分たちの性器の感覚と、また相手から受ける「電気の流れ」を完全に自覚しなくてはならない。もし集中力がこのように行使されれば、感覚の認識は、至上のよろこびをあたえるまでに発達するだろう。

もしも、それと反対に、二人が注意を性行為から、ラジオの音や、子どもや、電話のベルによってそらされたり、また、二人がしゃべったり、ふらふらとよそのことを考えたりするだけでも、彼らの「放電」は脳細胞に向かい、この仮定のたとえを続けるなら、性器への「流れ」が中断される。そのような場合、オーガズムは弱く不満足なものとなる。

五　くつろぎ

からだのあらゆる筋肉、あらゆる細胞にいたるまでが完全にくつろいでいなくてはならない。どんな種類の緊張も放電をさえぎることになる。細胞がくつろいでいるほど、「流れ」るべき「放電」が容易に、じゃまされずに、性器にとどく。くつろぎの方法をマスターするには *Release from Nervous Tension* by David Fink, M. D.（邦訳『心と人生の医学――心身症の自己療法』白揚社、一九六四）に書いてあるように毎日練習すればよい。しかし、身体的くつろぎだけでなく、精神的感情的くつろぎもまた重要である。たとえば性行為について罪悪感、恋のパートナーに対する怒り、気がかりな心配事などは、必要な完全なくつろぎのじゃまをする。くつろぎは性行為にとってだけでなく、個人の健康と幸福にとっても、これほど重要なものはない。しっくりいかない家庭生活、しつけの悪い子ども、いかなる種類の摩擦も、親の性交を乱すことになる。

過労は消耗をもたらし、それは時によるとくつろぎと混同される。しかし消耗した生物は、神経それ自体をいらいらさせるほどの刺激をうけたあとではじめて興奮する。だから仕事のあるひとびとにとって性交に一番よい時間は朝、特に日曜の朝の食事のあとだ。もし子どもが親の性交のじゃまをするおそれがあれば、一番よいのは土曜の夜、二〜三時間ねたあとで始めるとか、ゆっくり休んだ日曜の夜に始めるのが一番よい。時には夫は、やさしさと愛でもって、そのような「放電」が彼女の細胞から伝えられるのが、妻の心身をすりへらすノイローゼ的障害で妨げられるのを、克服しなければならない。ある場合には妻はめざめつつある性の欲望をおそれている、というのはこれらの感情はかつて彼女にとって両親、社会、良心との深い情緒的葛藤をもたらしたものだからである。

アルコールはたんに一時的なやすらぎをもたらし、コーヒーとクスリは一時的な刺激をもたらす。からだの接触は、性交なしでも、一晩中つづけるとやすらぎをもたらす。というのはそれによって異なった生体電位が、二つのからだから互いに流れ合い、緊張をやわらげるからだ。パートナーが二人ともじゃましあうから別々のベッドのほうがいいという場合でも、あとになってダブル・ベッドにしなさいと説得されると、二晩三晩のうちに彼らの関係はすっかりよくなっている。彼らはもっと調和し、たがいの弱点に甘くなり、時には死につつあったと思われる愛がよみがえったこともある。

六　回数

原則として、うまくいった性行為、すなわち完全な性交が半時間つづいた場合は、五日に一度以上くりかえすことはできないし、してはならない。性交が一時間つづいたら、くりかえしは一週間に一度と指示される。二時間つづけば期間は二週間になるべきだ。うまくいった性行為を短時間にくりかえしてはならない理由は、からだの「バッテリー」は短時間に充電できないからだ。健康な性行為は二人を完全にくつろがせるので、ふつう彼らはくりかえしをのぞまないほどだ。

自分の性的能力をじまんし、じっさい毎日性交をしていると主張する男は、みずから愛の技巧をマスターしていないことをあらわしているにすぎない。彼のことばは、もし本当だとしても、彼の性行為がひとつとして満足なものでないことを証拠だてている。彼の睾丸は局部的に緊張がとけ「緊張解放衝動」は満足される。しかし彼のした性行為が、たぶん、たんに彼の細胞から「放電」をさせはしたが、妻のそれと結合する時間をあたえなかった。この不完全燃焼の「放電」が彼のからだにのこっていて、彼を緊張させ、彼のすぐれた男性能力がもう一度精子を放出したがっているのだという錯覚をあたえているのだ。

あまりにもしばしば性交すると睾丸の細胞がホルモンよりは精子の生産にもっと集中しなくてはならなくなる。ホルモンのない生物体は元気もエネルギーもない。ついにはそれは消耗と欲求の不満になり、性行為がいやになり、欲望をおこさせた相手に対するうらみもそこにふくまれるようになる。

これが多くの情熱的な恋愛のおわりの典型的なばあいだ。

以上が、満足な性的結合にとって欠かすことのできない六カ条である。多くのカップルが特に重要視している問題、すなわち最善のコンディションで妊娠するにはどうしたらよいかということは、避妊の章であつかうことになろう。

この章をおわるにあたって、特に男性諸氏に一言いっておきたい。まえにものべたように、わたしの経験によれば、三〇歳をすぎて肉体的にはおとなになっている男性は、愛の技巧がへただといわれるとたいていは怒るものだ。彼の性関係の不満足な部分は妻の不感症のせいにしたがるものだ。彼はまたしたいときにすぐ局部的な満足をもとめる。多くの肉体的にはおとなの男たちはいぜんとして感情的には未成熟、すなわちいぜんとして甘やかされた子ども時代とおなじく、愛情関係においても与えるよりは受けることに慣れているので、まえにのべたようなふうに自分をコントロールすることをいやがるのだ。欲望を即座に満足させるのをじゃまするものに対しては、なんでもいらいらし怒るのだ。

そのような男たちに対して言えることは、愛のわざの完成に達するにはバイオリンをひいたり外国語をしゃべったりするのを習うのとおなじく忍耐と練習がいるのだ。指の筋肉をどうつかうかとか、文法の諸規則をおもいださなければならないとか、そういうことが必要なあいだは演奏とか会話は難しく不完全なものだ。意識的思考なしに、弾くとかしゃべれるようになると同時に、わざはわれわれ自身のものになる。性の技巧についてもおなじだ。

ある国々では、子どもは性と愛の価値を良いこととして認めるように育てられ、将来の性生活に向けて早期に教育をうける。そういうところでは若者たちは性関係のはじめから正しい方法をつかい、うまくいく。西欧文明においては、しかしながら、まちがった性的結合がたぶん何世代もつづいたので、男たちにとって、まともな性生活のしかたを、習いなおすというか、まったくはじめから習うことは、なかなかたいへんなことだ。

男をわたしたちの助言どおりにさせられないことがとても多い。はじめからがんこで敵意をもっていて、六カ条にしたがおうとしないひとたちがいるかとおもえば、性格がよわくてこれをまもれないひとたちもいる。しかし性格がつよく、すすんで協力するひとたちのばあいには、彼らの結婚が復活し、ほんとうの幸福と満足が達せられれば、何千倍にもなってかえってくる。

結婚が不安定で、夫が協力しないときには、妻のほうが、もし結婚をつづけたければ、性交を完全に拒否したほうが、まちがった性交をゆるすのより、ずっと良い。

さらにもうひとつの問題は、離婚、別居、更年期障害とか、結婚していても、不健康な性生活をしいられている不運な女のひとたちである。これらのばあいはパートナーがぜんぜんいないよりもっとわるいことが多い。彼女たちの肉体のたえがたい緊張をとり去り、高血圧、神経衰弱、頭痛、不安、ゆううつ、神経過敏などの、悪い結果にならないようにするにはどうしたらいいだろう。これらすべての症状は本人にとっては耐えがたいばかりでなく、まわりのひとにもおよぶものだ。

そのような女のひとたちは自然の方法である肉体接触の道がとざされているので、どのようにしてゆるむことができるだろうか?

教師、運動家、職業婦人は、自分たちの活動でいくらか発散することができる。だがほかのひとたちはどうしたらいいのか？　ふつうおこなわれるように、彼女たちに女性ホルモンをあたえることは、緊張をふやすだけで、ふつうでは満足できないような性欲にさいなまれることになるかもしれない。ホルモンをあたえるとしたら、男性ホルモンがいいか女性ホルモンがいいか、医者がきめるべきだ。ふつう、女性ホルモンをつかってもいいのは、健康な性関係をもつ女性の卵巣がホルモンを出さなくなったときだけであろう。

わたしの経験ではこれらの緊張をほぐすのにもっと自然な方法から良い結果がえられる。湯をつかうかんたんな方法で、それは電気の良導体だからだ。いちばん良いのはお湯と、ある種のビデを一晩おきに寝るまえに、併用することだ。入浴だけでも、完全なくつろぎをもたらすような快適な温度だったら、就寝直前にはいればしばしば効果的だ。しかし効果をもっと確実にするには、お湯を強く絶えまなく注ぎ洗浄することだが――三〇秒ごとに水をいれかえなくてはならない小さな袋式のビデはだめだ。お湯は約一五分間たえまない流れとして続かなくてはならない。これは蛇口にアダプターでゴム管をとりつければできることだ。そして彼女はしずかにすきな温度で浴槽によこたわり、からだからの「発散の流出」に精神を集中させるのだ。そしてすぐに寝床にはいり、一晩中よくやすむのだ。ラジオも聞かず、電話にも出ず、本も読まずに。

これらの洗浄から満足できる効果を得られるためには、もしかしたらあるていどの練習が必要かもしれない。また、ひとによっては、精神的肉体的に完全にゆるみきれるためには、まず偏見を克服しなければならないだろう。

ここではたらいている原理は結婚関係において見たものとおなじである。すなわちオーガズムによる性器の局部的リラックスよりは、全身からの生体電気の放出のほうが効果的にからだの緊張をほぐすということ。おなじ理由で自慰による局部的興奮は数秒の満足にひきつづいてより多くの緊張とゆううつをもたらす。摩擦がさらに充電させ、からだの細胞を緊張させるからだ。こう考えてくるとあきらかになってくることは、性交は、準備不十分で、あまりにも短ければ、一種の自慰とかわらない、というのは全身から「過充電」を放出することができないでいるからだ。

からだからの強い「放射」と、それによる緊張をへらし中和する自然で最善の方法は、独身者にとっては、一生懸命集中してしごとをすることであり、既婚者にとっては、正常に、性行為がうまくいくことである。

次にあげるいくつかの例であきらかなことは、肉体的病気と精神障害は不満足な性生活と密接な関係があるということである。

事例　その一

一九三九年九月二一日、サンフランシスコのカリフォルニア大学での神経精神医学会において、一見治療不可能なK氏の事例が報告された。彼は約三〇歳の男性で、胃かいようと高血圧になやまされ、二年間しごともできず、ねむることもできないほど神経衰弱であった。どんな種類の集中もできず、たとえば読んだり書いたりの音楽をきいたりすることができなかった。あらゆる療法はだめだった。彼はつねに麻酔薬のせわにならなければならなかった。彼が自殺未遂をして、彼の事例が集団決定されるべく会議にもちだされた。わたしの提案でこの男性はわたしが治療することになった。

K氏は、性生活についてたずねられると、妻とは正常の関係だったと信じていた。それはそうではなかった。何年間も彼は性交のテクニックで三つのまちがいをおかしてきた。彼はコンドームをつかうか中断性交をしていた。そして彼の性交は数分間しかつづかなかった。その結果は？　性行為によって放出された生体電流は、妻のそれによって中和されなかった。彼の電流は途中でさえぎられ、流れは彼のからだのいろいろな部分へ逆流した。消化器に障害があるときには、流れは胃と腸へ流れ、彼はこれらの器官に注意を集中し、そこの細胞をシゲキしすぎ緊張が増えすぎたため、その部分がほんとうに病気になり、かいようが発生した。ときには流れが心臓にとどまり心臓発作をおこした。またば、頭にとどまり、ひどい頭痛になやまされた。休まれず、混乱し、助けも得られず、彼は弱くなる一方だった。

われわれの理論によれば、生体電流は、ひんぱんでまちがった性交によってからだの細胞からしぼり出されると、からだのなかに閉じこめられて、ますますからだを緊張させる。おこなわれるべき治療ははっきりとかんたんである。すなわち「正常な」性交によって緊張をへらすこと。わたしは彼の妻を呼んでこれの方法を説明した。彼が正しい性交を五日ごとにおこなうようになると、二週間目には良い結果があきらかになった。彼はしずかでゆったりとして痛みは減った。六週間後に問題はなくなった。彼の適応について重要なエピソードが一九三九年一一月一日と一〇日のあいだにおこった。この期間、彼はふたたび神経質でいらいらするようになった。いろいろたずねると、彼がみとめたことは妻と口論し、妻が性交を拒否し、月経がはじまった。満たされない性欲のため彼のなかで緊張がふたたびたかまり、以前わるかった諸器官に感じられるようになった。正常な性生活がはじまるとすぐ、緊張はとれ症状は消えた。

わたしがK氏の事例を神経精神医学会議に報告したのは八週間後のことであったが、彼は痛みはなく、集中力もでき、仕事もできるようになって一〇キロほど体重もふえた。彼の神経衰弱はなおり、わたしがさいごに彼に会ったのは一九四四年一月だったが、そのときまで五年はつづいた。

招待されて、わたしが彼の事例をリーランド・スタンフォード大学の神経精神医学グループの会議で再発表したのは、一九三九年一二月であったが、ある有名な専門家が、正常な性生活だけで高血圧がなおるかどうかについて疑問を出した。

事例　その二

私の提案で絶望的な事例に対して私の理論をためしてみることになり、わたしは実業家P氏に会った。彼の高血圧をへらすあらゆる方法が何年間もこころみられたが、だめだったのだ。このひとは問題はすべて彼の性生活のまちがいからだといわれると、激怒した。彼は「あんたの方法はかんたんすぎる」といって去った。しかし、彼は忠告されたことをいくつかやってみた。とくに、彼と妻はひとつベッドでねて、一回の性交は一時間以上つづいた。一〇日後に彼が来たときはひとがかわっていた。幸福で、くつろいでふたたび仕事に精を出し、高血圧はほとんど正常にさがっていた。

事例　その三

五年前に大工の妻で二五歳のヘレン・P夫人は気がおかしくなったのではないかとおもわれた。彼女は皿を割り、泣きわめきの発作と幻覚におそわれ、あばれて手がつけられないので夫は彼女を精神病院に入れた。そこで彼女は分裂症と診断された。インシュリン注射と電気ショック療法をうけて彼女は静かになり、二、三週間のちには完全に正常になった。なおったものとして彼女は退院した。

一カ月あとに、おなじ徴候があらわれた。彼女は自分は正気で精神病院へもどるのはいやだといいはった。ついにかかりつけの医者はわたしを呼んだ。

ヘレンの経歴からは精神異常の遺伝の徴候はなにも見られなかった。彼女の両親はまったくバランスよく健康だった。ヘレン自身もハイスクールでは優等生で大学へ三年かよった。ひじょうに人気者で、各種のスポーツにすぐれ、ゆかいな、おちついた、おひとよしとおもわれていた。

二二歳のときヘレンは夫に会い情熱的に恋をした。彼女の両親は、その男は多くの点で劣っていると考え、彼女にあきらめるよう説得したがだめだった。ヘレンはますますいらいらするようになり、勉強に集中できなくなった。とうとう、二年後に、両親は結婚を承知した。にもかかわらず彼女の神経質はひどくなり、結婚一〇カ月後に彼女は精神病院に入れられた。

というのが彼女の両親と夫からの報告であった。

わたしの研究は、彼女の病気のほんとうの理由について、うたがいをつよめた。彼女との会話は意味深く参考になるので、ありのままに再現する価値があるとおもう。

わたし「ビルに会う前に恋愛したことは?」

ヘレン「ぜんぜん」

わたし「でも二二歳にもなれば、なんらかの性的欲求があったでしょう」

ヘレン「ビルにあうまではセックスがなんだかさえ知りませんでした」

わたし「両親はセックスについておしえなかったのですか?」

ヘレン「はい」

わたし「でも月経がはじまったとき、この新しいからだのはたらきについて説明したにちがいない」

ヘレン「おかあさんがいったことは『あたりまえのことよ』といっただけ。いまでもなんのことだかよくわからない」

わたし「本とか友だちとかから知識は得なかったの？」

ヘレン「友だちはセックスのことなんかしゃべりませんでした。わたしはそんなことに興味がないことを知っていたから……。このことに関する本もぜんぜんよんだことがありません」

わたし「するとはじめておしえてくれたのはあなたの夫というわけですね」

ヘレン「そう。でも、ことばでなく」

わたし「わるいけれど、ヘレン、いまはセックスについてはなさなければならないのです。あなたがどんなにいやであっても、というのはあなたの問題はまちがった性的経験から生じているとわたしは確信しているからです」

ヘレン「それはちがいます。ドクター。セックスについて話すことでわたしはあわてたりしません。なんでもきいてください」

わたし「ではききますが、ヘレン、正直にこたえてください。あなたが結婚するまえの二年間に夫と性的関係がありましたか？」

ヘレン「もちろん！　おたがいに好きになってからすぐ」

わたし「彼の家で？」

ヘレン「いいえ、とんでもない！　彼は両親と住んでいました」

わたし「では、どこで？」

ヘレン「彼は自動車、古いフォードがあったわ。彼は毎日五時すぎるとわたしを呼び出し、山道をとおって家までおくってくれました。するとそこは交通量のすくないところで」

わたし「そこで性的関係をもった？」

ヘレン「そうなの！　ふたりで結婚することにきめたあとでね」

わたし「正常な性的関係とは何をさしていると思いますか？」

ヘレン「ビルがしてほしいとわたしにおしえてやらせたこと」

わたし「なんだって？」

ヘレンは彼の毎日の要求をどう満足させたか話した。二五歳の成熟した女性が、その夫との一方的な性的関係を正常だと信じていたとは、とても信じられないことであった。結婚してからでも彼の奇妙な性行動はつづいて、ごくまれに、一、二カ月に一度くらい、数分間の性交があるだけだった。

これがヘレンの話だった。すべてはあきらかになった。

ヘレンが彼にあって以来、一方的な性戯のために、彼女の神経はたえず刺激されつづけたので、彼女の緊張はあまりにも高まりすぎ、自分自身の行動をコントロールすることができないほどになっていた。

性腺が興奮しすぎると脳下垂体と甲状腺のはたらきがふえ、その結果として極端な精神的過敏におちいる。甲状腺がはたらきすぎると視覚や聴覚の幻覚にさえいたる。脳下垂体のはたらきすぎの結果ひとはものすごく活動的になり、それはときには手がつけられない怒りっぽさに移行する。

というわけで、性生活に対するヘレンの反応は、化学的中毒の結果としてはあたりまえのものとかんがえられる。よっぱらいが、おかしなことをしても、精神異常とはみとめられないのとおなじく、アルコールの影響がなくなれば身体的平衡がもどってくるように、ヘレンは精神異常とはみとめられなかった。彼女のホルモン腺の刺激をさけることができれば、電気ショックやインシュリン療法をしなくても、彼女はまったく正常になるはずだ。

わたしはふたりに性交の六カ条をおしえた。彼らはおしえられたとおりにして、数週間ののちにヘレンはふたたび彼にあう以前の愉快で健康な人間にもどっていた。

五年たったが彼女はまったく正常のままつづいた。彼らは今や三人の子どもがあり、その結婚はまれにしか得がたい幸福なものであった。しかし、彼らの性生活のコントロールがなかったなら、ヘレンはきっと、一生精神病院にいる運命だっただろう。

この事例は、多くの類似のもののうちから、精神科医に考えてほしいものとして、提出するものである。ヘレンの例によって、多くのひとびとがまちがって精神異常と診断されることがなくなるだろうと、わたしは確信する。

さらに、それは性生活がどのように影響して、身体的精神的不調がひきおこされるかを、明らかに示すものである。

結論としてこういいたい。愛のヨガ六カ条は性的完成への道を示すものである。これらを忠実にまもればまもるほど、満足とやすらぎは大きい。しかし、くりかえしていうが、それらの習得はやさしいものではない。それらはたいへんな自制を必要とする。ピアノの練習をはじめたひとすべてが、忍耐づよくつづけて大音楽家になるわけではない。多くのひとびとは、旧態依然たる性習慣を変えたいとおもわない。そのようなひとたちは性生活の完成という目標に達することはできない。「愛のたくみにおいて学位を獲得することは軍隊をひきいるよりもむつかしい」（ニノン・ド・ランクロ）

しかし、もし、ふたりが、たとえ一部分でも、もっとも基本的な部分を、まもるならば――すなわち㈠、性交を長びかせ（オーガズムと射精のあとでも）すくなくとも半時間とどまり、セックスに注意を集中し、そして㈡、からだをくっつけあって、ダブルベッドでねむるならば、ふたりとも性関係がずっとたのしめるだけでなく、おたがいに対する愛は、ぜったい確実にたかまり、家庭生活破壊のもとであるすべてのイライラは消えさり、そのかわりにおたがいへのおもいやりと、人間の幸福でいちばんたいせつな要素、こころの平和があらわれるはずである。

第六章　原則の応用（事例）

わたしのファイル、とくに過去一〇年間の分には、多くのカップルの経験が記録されている。彼らは愛のヨガ六カ条にしたがって彼らの性関係をあらたにはじめるとか変えるように助言されたひとたちだ。そのなかには例外的事例も多いが、大多数は典型的であり、おなじ問題が形をかえてくりかえされている、と見てよい。結果はすばらしかった、ただしふたりが協力的に厳密にいわれたことにしたがったばあいにである。それ以外のばあいは彼らはちょっとした進歩だけで自己満足してしまった。パートナーのひとりが原則にしたがうのを拒否したり、まちがったセックス習慣を変えようとしないばあいには、性関係は不満足のまま続く。そのような結果にいたったことについて原則が非難されるべきではないのは、学校をさぼった子の成績がわるいからといって教師を責めることができないのとおなじだ。

すべての事例を、詳細にわたってのべるとすれば、それは一冊の本になるほどで、しかも退屈であろう。ひとりひとりの読者自身の性の問題に光をあてるような事例をえらぶこともまた容易ではない。とにかくわたしは自分がかかわった事例から九つをえらび、治療に対する反応によって三つのグループにわけた。

Aグループ。うまくいかなかったカップルとその理由。
Bグループ。性の悩みの平均的事例が、満足すべき結果をしめしたばあい。
Cグループ。すばらしい結果をあげた特記すべき事例。

わたしの習慣として毎晩その日あつかったいろいろな事例をノートにすることにしていた。これからのべる事例は長年にわたるノートから再構成されたもので、文中の会話は患者のことばをかならずしも正確にくりかえしているわけではないが、ほんとうの意味には忠実にしたがっている。

Aグループ（うまくいかなかったカップルとその理由）

事例　その一

フレッド（二五歳）とアン（一八歳）は結婚して一年になる。フレッドに対するアンの愛は、日がたつにつれて、反感と憎悪にかわった。その離婚訴訟についてわたしは裁判所から意見をもとめられた。結婚生活において、純真な、未成熟の、うぶな少女のアンは、フレッドの飽くことをしらぬ性的要求に腹をたてていた。彼は一日に二度、三度とはいわないまでも、すくなくとも一度の性交を期待した。とうとう、はげしい口論や、なじりあいのあとで、彼女はすべての性行為を拒否した。彼の言い分は、彼の莫大な性的能力は、結婚前にはいかなる点においてもかなえられていなかったので、ひんぱんな放出が必要であり、とくにアンが近くにいて刺激されるとそうなのだ、といった。アンは彼の「おそろしい病気」や「けだもの的性質」の犠牲になるのはいやだ、といった。

わたしは二時間かけてフレッドに説明した。フレッドのあまりにも短時間の性交は彼とアンの両方の緊張をたかめるだけでしかない。そして射精をくりかえせば緊張から開放されると彼がおもっているのはまちがいだ、と。ついにフレッドは理解した。彼はアンに約束して、五日に一回以上は彼女に性的に近づかない、そして他の五原則にも注意ぶかくしたがうつもりだ、といった。アンは、結婚を三週間つづけて、彼にもういちどチャンスをあたえてやることに同意した。

三週間後に彼らはわたしのところへきた。ふたりはわたしの六原則をまもったようだったが、にもかかわらず、二回の性交のあとで、アンの「不感症」と夫に対する反発が再発した。彼女はまえとおなじく緊張していて離婚をあくまでも主張した。

なにがまちがっていたのか？　こんどはフレッドの責任ではなかった。おどろくべき早さでフレッドは彼の射精をコントロールすることをまなんだ。準備、持続、体位、回数は正しいようだった。にもかかわらず、アンは以前にもまして性交のあとでは神経質になり動揺しているようだった。

わたしがアンにたずねかえしてみてわかったことは次の事実だ。結婚が安定しないかぎりは妊娠したくないと強くのぞんだアンは、わたしの助言により、リズム式で避妊した。

しかし、彼女の月経周期はこの上なく規則的であるにもかかわらず、アンはリズム式を信用しなかった。だれかが彼女に一番危険なのは月経の直前直後だといったことがある。彼女はわたしを半ば信じていたが、やはりこわくなっていた。もし恐怖が性交に入ってきたら、そのひとの全神経組織がふさがれ、ふたりの生体電気が同調して中和することはないのだ。いまは夫の方が彼女をたくみに準備させられるようになった。つまり彼女の「放射」をおこさせるようになったので、彼女は以前にもまして性交のあとでいらいらするようになった。結果は、緊張と、興奮の増加。精巧な時計のなかで歯車ひとつがくるえば、メカニズム全体がとまってしまう。

彼女が二度と試みたくないと固執したので、離婚はさけられなかった。

事例　その二

バーバラ・Tがわたしのところへきたとき、彼女は二八歳だったが、あまりにもやつれていたので、四〇歳に見えた。彼女は夫のジョージから離婚したがっていた。彼もまた二八歳で、サービス・ステーションの経営者。ふたりは五年まえに恋しあった。彼らは結婚して、経済上の理由から、夫は子どもはまだほしくないといっていたが、幸福にしていた。子どもをほしい欲求がかなえられないことが彼女のオーガズムを得られない理由だとバーバラは感じていた。結婚して三年目に彼女は性生活がいやでたまらなくなった。にもかかわらず、その後二年間、彼女はそれが義務であるとおもって肉体を拒否しなかった。しかし今や離婚しかなかった。彼女と話してみてすぐにわかったことは、六原則のすべてがくりかえし破られていたことだ。彼女は原則をやってみたくてたまらなかったが、彼女の夫は、どんなことがあっても、わたしのところまで助言をうけにくることはないだろうし、彼女からおそわることも絶対にいやがるだろう。

夫のがわのそのような態度はべつに新しいことではない。夫は、彼がインポテンツでないかぎり、妻のがわの不満は夫がなんとかできるものではなく、まして夫の責任ではないと感じているものだ。彼にとって性行為は、彼の力、彼の男らしさの証拠であり、彼の放出回数だけが妻への義務だとおもっている。彼に助言のため近づこうとしたら、彼が技巧をしらないとか、経験がたりないなどとは、これっぽっちもおもわせないことだ。

わたしは彼がわたしのオフィスへ来るように最善をつくすことをバーバラに約束した。わたしはジョージ・Tに電話をしたが、ぞんざいにはねつけられた。ようやくわたしが彼の妻の性生活に対する不満足な反応についてはなしたいといったところで、彼はすこし平静になり、仕事がすんだらわたしのオフィスへ来ることに同意した。話しているうちに彼は妻を非難しはじめ、彼女はヒステリックで、気分屋で、性悪女で、まったく不感症だといった。彼は離婚もしたいが金がかかるし、それにだれかが家事のめんどうをみなくてはならないから、といった。

彼の言い分はまったく典型的に、自己中心的で、おもいやりのない、非情な夫のそれであった。彼らの信じるところでは、自分たちはぜんぜん悪くなく、妻たちが不感症であるにすぎず、彼ら自身は完璧であるというのだ。たいていのばあい彼らは勃起と完璧を混同している。

ジョージ・Tがわたしのオフィスへ来たとき彼は妻を変えるのに何ができるか知りたがった。そしてわたしは彼が責められていると感じないように気をつかった。わたしはこう説明した。彼の妻は女性にはよくあるタイプだが、性的に興奮するのに長く注意ぶかい準備が必要であり、とくに彼女が心配していたり腹をたてているときにはそうなのだ。このタイプの女が神経的にとどこおっているときは性的結合において反応することができないのだ。

「なんでそんなに腹をたてたりするのかね」と彼はたずねた。

「感じやすいからです」とわたしは説明した。「だからあなたのちょっとしたことばでも、すごく本気にとってしまう。わたしは彼女にあなたをもっとよく理解するようにおしえましょう、そうしないと彼女のゆううつと不幸が性行為全体をはじめからだめにしてしまいます」

彼はそれに同意して、仕事でつかれた男が一語一語えらんでしゃべるはずがないことを彼女は理解するべきだ、といった。

わたしは彼女が変わるのをたすけることができるとおもうが、はじめのうちは難しいので、あなたの協力が必要です、といった。

彼は興味をかきたてられた。特にあなたは非常に健康で、精力絶倫であることがよくわかるので、わたしが提案する療法に正確にしたがえば、バーバラをおしえ導くのにはこの上ない適任だと信じるというと、彼はますます身をのりだした。

彼はやってみましょうといって、それではどうするのかたずねた。

わたしは例の六原則を説明したが、つねに妻の治療というふうにとらせた。彼は関心と理解をもって聞き、自分には妻の「不感症」をなおす能力があることを証明したがっているようだった。

わたしはこのはなしあいをいささか詳細に述べたが、その理由は、性生活がうまくいかない夫の協力を得るときの困難点が典型的にあらわれているからだ。

このカップルに三週間後にあったとき、報告するほどの進歩はほとんどなかった。原則は、ジョージによれば、役にたたなかった。

わたしはさらにくわしくたずねた。

「性交の日にはわたしはバーバラに親切に思いやりふかくしました、あなたのいわれたように」と彼ははじめた。

わたしはバーバラを見て彼女の心を読んだ。性交の日に彼は親切だった、しかし他の四日はそうではなかったのだ。彼は目的のために親切であったが、心から、しぜんに親切で、好きだったのではなかった。「あなたのいわれたように」ということばで、それはあらわされていた。彼は処方箋にしたがって、演技をしたので、彼女は彼の誠実さが感じられず反応することができなかった。

ジョージは、それに気づかず、つづけた。

「準備は完全だった。持続は完全以上だった。わたしはオーガズムを一時間と二〇分もこらえたし、もっとこらえることもできたんだが、たいくつした。へんな体位もOKだった、だが彼女からながれてくるものは何も感じなかったし、わたしの細胞のなかでも何のながれも感じなかった。そのわけは知っている。時間を見ながら次に何をするべきかとか何をしたらいいかんとか考えながらやって、集中もリラックスもあろうはずがないでしょう。あんまりややこしくて気がくるいそうだから、三度やってやめました。あなたの原則はなんにもなりはしないですよ、ドクター、すくなくともわたしたちにはじめにはいくらかの矛盾はあるものです、とわたしは同意した。古くて根深い習慣を変え、なじみ深い快楽をさけようとしながら、完全にリラックスして自分の感情に集中できるひとはいない。こういう状況のもとでは性交が完全にうまくいくことはありえない。しかし、わたしが指摘したことは、ひとが楽しもうとしていろいろ練習する多くのものごとは、はじめは快楽なんてものではない。一本一本の指がなにをしなくてはならないか考えているうちは、ピアノをひくことはそれほど楽しみではない。でも、ひとたび指の筋肉が十分に練習をつんで、意識の命令なしにうごくようになれば、そのときピアノ演奏は演奏者にとっても聴き手にとっても楽しみとなる。それは性生活でもおなじだ。

わたしはそしてジョージとバーバラに芸術としての性行為について語った。それは、たぶん、われわれの文化においてもっとも無視され、もっとも理解されていない芸術であろう。しかしそれは同時に、もっとも美しく人間の幸福にとってはかりしれない影響をもつものだ。さいごにわたしは、この芸術を身につけるために三、四週間の不快はがまんする価値があるのではなかろうかとたずねた。そして六原則が完全にマスターできたら、もはや意識的に考えることはいらなくなり、完全なリラックス状態に達することができることをわたしは保証した。

彼らは学びたそうにしていたが、ジョージとバーバラの関係はほとんど改善されなかった。その理由は、のちにジョージとはなしあったときに、あきらかになった。そのとき彼はほかの女性を恋しているこ とをみとめた。その女性は性的に、完全に、彼に対して反応するのだが、彼と結婚するために離婚はしたくないというのであった。

「それこそが奥さんとうまくいかない本当の理由だ」とわたしは彼に説得した。「バーバラのような感じやすい女性だったら、直観的に、あなたがだれかと恋しているとか、すくなくとも自分とは恋していない、ということはおもわずにはいないものです。彼女はあなたの求愛行動に反応できない。あなたがたふたりのあいだで愛の気もちは死んでいる」。わたしの助言は彼が婚外の恋愛関係をやめるか、またはバーバラがのぞむように自由をあたえて、しかるべきパートナーがみつかるようなチャンスをもてるようにするか、どっちかだというのだった。

ついに彼は同意した。バーバラは離婚した。

わたしはたいていは結婚を救うためにあらゆる努力をするが、このばあいは、いかなる和解も短命であることがあきらかであった。

二つの条件が確実でなければ和解への努力はむだである。(a)その結婚がそもそもたがいの魅力と愛にもとづいたものであること。(b)パートナーのどちらかが他のひとと恋愛がうまく進行中で、それを完全にやめる意志がない、というようなことがないこと。経験によれば不貞なパートナーは、友人とか家族とか配偶者から和解するようにとの圧力があると、がんこに抵抗するものである。

事例　その三

ミミとルドルフが最初にわたしの注意をひいたのは一九二八年に、パリのブルバール・クリシーで芸術家たちのあつまるカフェであった。そのときわたしといっしょだったヘンリー・Pは彼らを指さして、性科学者のおせわなどまるで必要ない異例の魅力的カップルだとおしえてくれた。そこでは彼らの話は有名であった。彼らは一目ぼれであった。男は一文なしの文士であったがミミは最大の幸福と献身に満ちて彼と暮らしたが、ふたりの暮らしむきは最低にひどいものであった。

ヘンリー・Pがふたりの牧歌的関係についてはなし終わるか終わらないうちに、ふたりははげしく言い争いをはじめた。彼らの声は大きくなり何百というやじうまがドラマを見物するほどになった。とうとう、ふるえながら顔青ざめて、ミミは、もうこれまでよ、けっしてかえってなんかくるもんか、といってカフェを出ていった。「かってにしやがれ！」と文士はわめいて、彼女に飲みかけの一杯を浴びせた。

わたしのたのみで、ヘンリー・Pは興奮した男をつれてきて、場をはずした。しばらく怒りを爆発させたあとでルドルフはしずまった。彼の話はまさにプッチーニのオペラ「ラ・ボエーム」の第二幕と第三幕のすきまをうめるものであった。はじめのころは、彼によれば、ミミほどすばらしい恋人はいなかった。しかし、二、三カ月たつと彼女はものすごく口やかましくなり、彼のしゃべる一言一言が彼女をいらだたせた。特にはげしいけんかのあとで彼女は出てしまったが、数日してもどってきた。和解、そして美しい幸福の日々、そしてまた緊張がはじまり、たかまり、もう一度ひどいけんかとなり、別れた。これがくりかえしおこった。しかし今度こそ、とルドルフはわたしに断言した、おしまいだ。ありがたや、これでじゃまされずに本が書ける！

その摩擦の原因をわたしはたずねたが、ひとつとして、なっとくのいく理由がない。ささいなことばかりだ。わたしの職業的興味がめざめて、わたしは彼らの性生活についてたずねた。これほどうまくいっていることはないと彼は保証した。彼はよろこんでミミとの愛情生活を微にいり細にわたって説明した。ふたりはたがいに反応しあうので、性交しないうちから、ミミはオーガズムになる。男にとってこんなしあわせなことはほかの女とはぜったいになかった。

ふたりがこのように情熱的に自然に魅かれあっているので、六原則の第一番目——準備——についてはあきらかに申し分なかった。しかし彼らが他の二つの原則に反していたことで、ふたりの関係が気分的に上がり下がりのはげしいことは十分説明がつくようだ。彼らの性交ははなはだひんぱんであったが、持続時間はみじかかった。

わたしは一生懸命ルドルフにこの二つのあやまちが彼らの緊張をたかめたことをわからせようとした。そしてそのように精子が消耗されることで彼のホルモン生産がへり、その結果として仕事の能力もおちるのだということを説いた。すると彼はすごく怒り、つかみかからんばかりであった。愛は原則でしばることはできないと宣言し、あんたがわたしをだらしないボヘミアンの芸術家だと思おうとどうしようと、それはかまったことではないが、同時におれの愛情生活はおれの勝手だ、といった。愛を原則におしこむなんてナンセンスだ。彼は席をけって立ち、わたしは彼は二度と教えをうけに来ないだろうとおもった。

ヘンリー・Pがもどってきたので、わたしは話を再現した。ヘンリーはルドルフと同意見だった。若いふたりがたがいに好きあっていたら、性交のしかたのルールなどしたがうものか、と彼は断言した。そんなことをしようとすれば、すべての自発性、自然、熱中の抑圧につながる。「キス八分間、愛撫一二分、だきあったままねること三〇分！　ナンセンス」と彼はいった。「それは愛を軍事教練にするようなものだ」

たしかに、そのようないいかたをすれば、ナンセンスにちがいないとわたしも同意した。しかしふたりの「バッテリー」はいつまでつづくか、そしてそのような情熱的愛の終わりはふつうどんなふうに終わるか、あなたはごぞんじか、とわたしはたずねた。ふたりには一種のはりつめた強迫的ないらだちがあったが、実は消耗しているのだ。そのいらだちがやがては憎しみに変わる。やりすぎセックスの二日酔いはアルコールのばあいより危険だ、とわたしはいった。性ホルモンの急減は、エネルギー、精力、幸福、やがては愛の減退となる。

ヘンリーは、すべての恋愛はおなじような結末にいたるものだと主張し、「ビーナスはよろこんで来たり、悲しんで去る」ということわざを引用した。ヘンリーの見方によれば、性的に幸福なカップルは、みずからをすりへらし、性的に幸福でないカップルは、彼らのエネルギーをほかのことに向ける。彼の考えでは、ルドルフとミミは他の規則的な生活をしているひとびとよりも、ずっと幸福で、ずっと気ままにふけっている、というのだった。

それに対してわたしの意見はこうだった。ルドルフは、はげしい、奔放な、ボヘミアン的恋人であることをじまんにしていた。彼が欲したのは、躍動、情熱、火であり、結果がどうなるか気にもかけない子どもであった。彼がことばの芸術家としてどのように偉大であるか知らないが、セックスの趣味と洗練については未開人の方が教えることがある。彼は自分のやり方を固執するかもしれないが、それがどうなるかすでに証明ずみだ——大声と、けんかと、緊張過度だ。わたしがヘンリーにおもいださせたことは、ルドルフが、ミミがいなくなったので、また書くことができるようになった！　という一言だった。なぜ以前は書けなかったのか？

ミミがいっしょのときは彼がミミをあまりにも情熱的に愛したので、考えることができなかったのだ、とヘンリーは信じていた。彼の注意はすべて彼女がひとりじめにした。

わたしは反対した。注意ではない、彼のエネルギーをすべてとったのだ、とわたしはいった。脳細胞といえど性エネルギーをうみだす同じからだの一部分だ。性生活がうまくいっていれば彼が消耗することはないはずだ。それどころか、もっと精力的に、元気に、活発であるはずだ。

性の技術も他の芸術と同様に教養として身につけるべきだという説をヘンリーはばかにした。皮肉まじりに彼がいったことは「それならイギリスには桂冠恋人がいるべきだし、フランスには恋愛芸術院があるべきだ」

わたしは答えてこう言った。それでも現在いたるところでおこなわれている愚行、無知、失敗にくらべたら、ずっとましではないか。

いかなる分野においても、それが芸術、科学、スポーツであれ単純作業であれ、マスターするには練習がいる。カップルは性行為のメカニックがオートマチックになるまで練習せねばならぬ。そして、そのときはじめて、無理せずに六原則にしたがうことができるようになり、そのときはじめてふたりの性生活を人間最高の幸福にまで高めることができるのである。この目標に達するまでの二、三週間のあいだは衝動的要求をおさえて損はない！　とわたしは反論した。

ヘンリーはだんだんなっとくしたが、ルドルフとミミを説得する機会はなかった。しかし、わたしの助言にしたがったカップルの達成した結果から、わたしの道は正しいということに絶大の自信をもつものである。そしてルドルフとミミは、学習を拒否した他のひとびととおなじく、自分自身は愛の芸術家のつもりでも、じつはアマチュアでしかない。

これらの例が示すことは、不満足な結果というものは六原則を誤解したり、したがわなかったりすることから生じるのである。

妻ある男の多くは性行為のやり方をおそわりたがらない。「あんたの原則はすべてわかってる！新しいことなど何もない！」。しかし彼らの妻たちは絶望的に、それらの原則がひとつとしてまもられていないことをわたしにうったえる。彼らは一回やっただけであきらめてしまう。彼らはウォーミング・アップに時間をかけない。彼らは交接中にしゃべるし、緊張はゆるまないし、がまんも、自制も、おたがいに対するおもいやりもない。数分間ですべてはおわり、次の日また不満足な性行為をやりなおすだけだ。

ところで、わたしのすすめる体位をとらないことについていえば、男の左足を女の両足のあいだにいれるということがそれほどむつかしいものだろうか？　なじみの体位に固執すれば、他の助言もきかない理由がつくれる。とすれば、不満足な性生活はいったい誰の責任だろうか？

しかし、そのような男が六原則なんかとっくのむかしにごぞんじだと大声をだすとしたら、あきらかに彼らは性交のもっとも重要な部分をつかんでいないのだ。それはすなわち、生体電気の交換であり、射精やオーガズムよりもっと美しく、もっとやすらぎをあたえるものだが、文明人のあいだでは理論も実践もあまり知られていない。

原則をもっとも忠実に生かしてくれたのは、若く、経験の浅いカップルたちで、結婚を成功させようと、結婚式前にわたしに相談にきたひとたちだ。このようにして、結婚のはじまりと同時に、わたしが健康的で満足な性生活と信じるものをそだてはじめるのだ。わたしの信念はその結果にもとづいている。

グループB（改善を示した事例）

事例　その四

フロレンス・W夫人は、三二歳で、魅力的な、女らしいひとだった。彼女がはじめて相談にきたとき、このことはぜったい秘密にしてください、夫に気づかれたくないから、ということだった。彼女は結婚して六年になる。それは恋愛結婚だった。四年間は申し分なく過ぎた。ふたりは多くのことを共有していた。しかし過去二年間は彼はだんだんめんどうをみなくなり、夜はなかなか家に帰らず、それは秘書の若い女といっしょにすごしているのだ、ということがわかった。夫人は離婚を考えた。しかし二人の子どもは父親になついていたし、夫人の母親もまた彼をたよりにしていた。彼女はわたしの助言をもとめた。彼女は秘書に会って夫をあきらめろというべきか、それとも夫に二者択一をせまるか――秘書をやめさせるか、それとも離婚をするか？　それはあまりにリスクが大きすぎる？　彼女はたんなる経済的理由でがまんのならない状況に甘んじなくてはならないのか？　そんなことはない。離婚になったとしても、男は扶養の義務がある。裁判官ならだれでも彼女の側につく、と彼女は確信していた。さらに、彼女は結婚前にはたらいていたし、もういちど就職することは簡単だと考えていた。

それ以前に結婚していましたか、とわたしはたずねた。

「ありがたいことにちがいます！」と彼女はこたえた。彼女が結婚前にした若干の経験から、男がどんなにたやすく妻をだませるか彼女はわかったという。

夫との性生活について彼女にたずねてわかったことは、以前は満足していたが、この六週間彼女は夫をこばみつづけている。なぜならば彼が「あの子」の腕から来たと思うだけで吐き気がする、と彼女はいった。

わたしはあなたの夫と話をするまでは何の助言もできません、といった。わたしのかんがえでは、彼を説得して秘書をあきらめさせ、結婚をもとへ和解させることができそうだった。

これは彼女のお気に召さなかった、そうするには彼女が相談に来たことをうちあけねばならなかったから。やがて彼女は同意して彼を来させることにしたが「何をおっしゃろうとあなたの勝手ですわ。いずれにしろこれ以上わるくはなりませんものね」といった。

数日後に、ゴードン・W氏が来た。四〇歳、背は高く、元気な、好人物がわたしの部屋にはいり、「フロレンスがいうのには、あなたは完全に彼女の味方だそうですね」と話をきりだした。

それはまちがいです、とわたしはいった。わたしは両方の言い分をきくまではぜったい判断をくださないことにしています、とわたしは保証した。

これで彼は安心したが、あなたの言い分をはなしてくださいというと、彼はどこからはじめてよいかわからなかった。

「あなたの子ども時代のあらましと、結婚の歴史をしりたい」とわたしはきっかけをあたえた。とうとう彼は、のろのろと、無感情に、うちあけはじめ、こういった。

「父はわたしが一五のときにいなくなりました。わたしは六人兄弟の長男でした。母は肺病を病んでいて、わたしが二〇のときに死にました。わたしと弟で一家をささえなくてはなりませんでした。わたしは長いことはたらき、結婚のひまはありませんでした。ところが、三四歳のとき、フロレンスと恋におちました。わたしは広告業にたずさわり、彼女はわたしの秘書でした。まもなくわたしたちは結婚しました。はじめはすべてすばらしかった。彼女は家事はだめでしたが、そのころは事務所でいっしょにはたらいていたので、それが言い訳になりました。ふたりでずいぶんいろいろやりました、旅行もしたし、声を出して本をよみ、あとで話しあうこともしました。摩擦がおこったのはブリッジをしたときだけです。しかしそれも、ほかのカップルとちがって、結婚をおびやかすようなものではありませんでした。

三年たって、子どもがつぎつぎと生まれはじめました。フロレンスはしごとをあきらめました。問題がはじまったのは彼女の母親がいっしょに住むようになってからです。わたしは反抗しました。わたしは自分自身の家庭生活をしたかったのに、この気のつよい女が乱すのです。彼女はフロレンスが生まれてからずっと支配しつづけてきました。けんかもしました。ついに姑は出ていきましたが、不幸にも、すぐ近くにアパートをみつけて、毎日のように、わたしのるすをみはからってはうちへやってきます。このころになると彼女はわたしに対して怒りっぽいというか、敵意さえ持つようになりました。もうけんかはしませんでしたが、一日ごとに、ますます、わたしの妻に影響をつよめて、わたしにさからわせるようになりました。彼女はたえず疑いをおこさせるようにしました。しかし、ドクター、わたしはちかって、不貞をはたらこうとは、これっぽっちも思ったことはありません。すると、青天の霹靂のように、非難がやってきて、わたしは事務所の助手と浮気をしているといわれたのです。

ある夕方のこと、ちょうど仕事を終えたときに、姑が事務所におしいってきました。あいさつさえもしようとはしなかったんです。わたしはちょうどそのとき秘書がオーバーを着るのをてつだっていたのです——たんなる礼儀です、ほかはなにもありません。でも、それが、妻には十分の理由でした。なにしろ、おふくろにいわれていましたから。そして彼女をくびにしろと言いはったのです。

手みじかにいえば、去年一年で、わたしは秘書を三回も、妻の嫉妬ゆえに変えなくてはならなかった。もう、まっぴらです。この最後のひとはくびにしないでがんばりました。とくにきれいというわけではないのですよ、誓っていいますが、しかし新入りを慣らすのはたいへんなことなんです。それにはもう、こりましたからね。

ドクター、妻は、おひとよしの、魅力的な、頭の良い女です。しかしこれらのけんかと、理由のない疑いで家庭はたえがたくなりました。最後にはほんとうによその女の腕に抱かれたくなります。あぶなくなると、わたしはいろいろなクラブへのがれます。それは事情を悪くするばかりですが、ほかにしようがありません。わたしはまだ妻を愛しているし、子どもも愛しています。しかし彼女が離婚したいというのなら、反対もしません」

わたしは「三年たつと子どもたちが生まれはじめました」という一言にもどって、避妊はどのようにしていたのかたずねた。そのこたえは妻はペッサリーを使っていたが、彼女はそれも信用しなかったので、彼が射精以前に中断していた。

たずねてみてわかったことは、性交はたいていてい「とても長く、それは少なくても五分から一〇分かかった」という事実だった。

「奥さんのはなしでは」とわたしはいった。「性生活ははじめは申し分なかったそうです。しかしわたしの考えではおふたりとも完全な性生活とはどんなものであるか御存知ないようです。あなたのお姑さんのような支配欲のつよい人がどんなにひどい影響をあたえるかも、わたしは知っています。さしあたって奥さんの嫉妬について何かほかの原因はおもいあたりませんか？」

ゴードンには何もおもいあたらなかった。

一般的に、とわたしは説明した。嫉妬深いひとは、無意識のうちに、自分は性生活でつれあいをぜんぜん満足させられないのではないか、と感じています。だから、自分のパートナーがだれかよそのひとからもっと満足を得られるのではないかと思いこむ傾向がある。性についての一種の劣等感が、想像上の競争者に対して絶望的な憎悪をもつようになるのです。

彼らの場合には二つの行動がかんがえられた。ひとつには、ふたりの性生活をすばらしいものにするしかたをおしえましょう、その結果ほかのどんな相手もそれ以上の満足をあたえることはできないでしょう。そうすれば、嫉妬の感情は基盤を失い、それとともに、離婚の理由もなくなるでしょう。第二は、姑の影響が消されなくてはならない。わたしたちは、娘さんのために、母親にはなれてもらうことを説得しましょう。

結果　数回の面接でふたりは六原則をまなんだ。そしてふたりは二回目の新婚旅行に行き、帰ってくると、しあわせで、まえよりずっと愛し合っています、と知らせてきた。処方の第一部はできたが、第二部はできなかった。姑はがんこに近所に住むことを主張し、ふたりの結婚を乱しつづけたが、それは、姑の言い分では、理想的とはとてもいえないものだからだった。

事例　その五

この事例は高等裁判所の判事からいつものような紹介つきで、わたしにまわされてきた。

「先生、ここに離婚をもとめる夫婦がいます。彼らに会っていただけますか？　なにかできそうにおもうのですが」

この夫婦とはなしてみると、彼らの結婚がそもそもはほんとうの愛にもとづいていて、いいかげんだったり、未成熟だったり、神経症的な選択にもとづいているのではないことを確めた。次の段階は、なぜ、そのような確固たる基礎がありながら、おたがいの愛がつづかないのか、その理由をみつけることだ。わたしはまず妻に対し、すべての悲しみをえんりょなしにぶちまけさせた。

「夫は夕方家に帰っても口もききません。夕食をかきこみ、ラジオをつけ、新聞を読むと、いすでうたたねです、そしてこんどは一晩中いびきをきかされます！　こんなものは結婚ではありません。もう、うんざりです。わたしは離婚したい！」

夫は、五〇歳ほどのハンサムな男で、自分の言い分をかたった。「わたしは土木技師で、鉄道ではたらいています。戦争のせいもあって、仕事がものすごくきついのです。朝八時には出ていなくてはなりませんし、暗くなってもなかなか帰れない日も多いのです。日中はかんかん照りの下で線路にそって何キロも歩くのです。妻は一日中はなし相手がありません。彼女はこまかな家事のあれこれをわたしに話したいのです。そのことはよくわかります。申しわけないことです。しかし、わたしはへとへとで聞いていられないのです。考えることさえめんどうくさいのです。わたしはどうたらよいのでしょう？」

彼にこたえるまえに、わたしは最近あつかった事例をはなした。この場合は父親が娘のことでこのようにうったえた。「夕食のあとで おかあさんの 皿洗いでもてつだってあげなさいというと、娘は長いすにぐったりとして、できないというのです。疲れて、うごくことさえできないのです。ところが三〇分後に、若い男がダンスに行こうとでも呼びにくれば、疲れはたちまち消えてしまいます。彼女はよろこんでとびおき、あっというまに着がえをすませて、朝の二時までも踊りあかし、帰り道もしゃべりどおしにしゃべり、翌日はヒナギクのように新鮮になって仕事へ行くのです。ですからわたしはどうしても娘はなまけものでうそつきだと結論せざるをえません。口では動けないほど疲れているといいながら、じつは皿洗いをしないですませたいのです」。これが父親の観察であったが、その結論はまちがっている。娘さんはほんとうに疲れを感じているのです、とわたしは説明した。彼女の筋肉はもういちど活気をあたえられないかぎり、はたらくことはできません。彼女は油のきれた機械のようなものでした。その若い男が彼女を刺激したのです。

この例でもって、わたしはこの技師にも似たような可能性で疲労を克服できるのではないかということを示したかった。「機械が動かなくなったら、油がきれたのです。人間という機械にとって最上の油は愛です」とわたしは彼にいった。

彼は理解しそのとおりですと言った。結婚したての一年間は、彼もおなじような経験をしていた。どんなに疲れて仕事から帰ろうとも、家につくなりそれはどこかへいってしまった。そのときは妻も役割を演じていた。家はきちんとかたずけられ、彼女は小ぎれいな服装をして、彼がもどるのがうれしくて、そのことをあらわしていた。夕食前にいっしょにすごす三〇分は、驚くほど生きかえらせてくれた。しかし彼女はさぼりがちになり、家は散らかり、彼のまえで良いかっこうをしなくなり、むしら気で、不機嫌になり、かつての魅力は消えた。何か要求があるときだけ、昔のようにやさしくしてくれた。

「あなたの結婚生活はじつによくあるパターンです」とわたしはいった。「しかし悪いことはすべて奥さんのせいだと決める前に、あなたが彼女の変化に対してぜったいに責任がないのだ、ということをわたしとしては確かめておかなくてはなりません。奥さんを無視したことはありませんでしたか？彼女の性癖を理解しようと努力をはらいましたか？」

彼女の「発散」がおとろえたのは彼にもまずいところがあったのではないか、とわたしはたずねた。彼女の愛に甘えるのになれきっていて、彼女を愛そうとか、彼女のバッテリーを充電してあげようとかいう考えはまったく頭になかったのではないか？　彼女の発散さえつよければ、彼は反応し、エネルギーとよろこびをうけていた。わたしがあえてこれらのあてずっぽうをいってみるのは、もしかして、ある程度まで、あなたの場合にあてはまることがあるかもしれない、とおもうからです。

彼はわたしを見て確信をもっていった。「『もしかして』とか『ある程度まで』どころではありません。まさに、そのとおりです。わたしがどこでまずったのかわかりました。たぶんもう一度やってみれるでしょう。わたしの仕事に具合いが悪いことがあっても、妻のためにもっと時間をとるようにしましょう」

仕事に具合いの悪いことはないはずです、とわたしはいった。なぜならば幸福な家庭生活と健康な性生活は統合的なエネルギーを生み出すから、男であれ女であれ、だれでも少ない時間のうちに、もっと良い仕事ができるようになる。

彼は健康な性生活とはどのようなことを指しているのですか、とたずねた。これこそわたしが待っていた質問だ。彼は注意深くわたしの指示をきいた。

何カ月かたって、彼はまったく人が変わったということをきいた。しかし妻の方はそれにおいつかなかった。彼女は、たしかに、和解に同意し、以前より性交に満足し、夫婦はたがいにずっと親密になった。しかし、こんどは、月経閉止とともに、彼女は性生活に興味を失い、多くの点で夫に完全に協力することができなかった。

事例　その六

小さな食糧品店の所有者、スタンレー・Lは三五歳、背は高く、頑丈で、ハンサムな男だが、妻といっしょにわたしをたずねてきた。二六歳のローラは、きゃしゃなブロンドだった。女はすごく良いかっこうをしていたが、男は仕事からの帰りで、きたないかっこうだった。

男は率直な態度で事情をうったえた。ふたりは結婚して二年になるが、結婚は失敗だった。なんとかしてもらえますか？

わたしは何が問題だったのかたずねた。彼のこたえは双方にそれぞれ不満がありますが、どちらが正しいか、決めていただきたい。ふたりともカトリック教徒で、教会で結婚し、離婚はしないべきだと信じている。

くわしいことをたずねると、スタンレーはポケットから紙をとり出し、項目を読みはじめた。㈠、ローラはぜいたくだ、わたしがかせいでも追いつかない。彼女のような暮らしのスタイルをわたしは維持できない。これはすべて去年からはじまったことだ、結婚したてのころの彼女の趣味はもっと質素だった。彼女の育ちはぜいたくな家庭ではない。わたしの考えでは、彼女の友だちのフランセスが彼女を変えたのだ。㈡、彼女は家を大事にしない。わたしが夕食にかえってきても、彼女はしょっちゅうるすにしていて、わたしは自分でめしをつくり皿を洗わねばならない。彼女はフランセスといっしょに外出し、映画とかダンスとかコンサートに行く。そして、夜おそく帰ってくると、性交したがるが、それはたぶんわたしの機嫌をとるためだ。わたしは怒って拒否する。㈢、彼女は何の理由もないのにいらいらする。たしかにときにはわたしは彼女につらくあたる。ほかにどうしようがあるだろうか？　ときにはわたしは彼女をなぐるが、それはわたしが頭にきたからではなく、彼女との交渉をたのしむにはそんな方法しかないからだ。こういうけんかのあとではわれわれは性交に満足できる。胸がわるくなるようなことだが、彼女の性交への欲求は怒りに根ざし愛に根ざすのではないみたいだ。
(四)、わたしがやさしくすると、彼女はすぐにひねくれ、きつくなる。すると、わたしが彼女を実家へ帰らせるとか、わたしが彼女なしで週末をすごすとかすると、彼女の愛はもどってくる。しかし、これが愛だろうか？　それはわたしにはたんなるプライドとしか見えない。彼女は求められないと、がまんできない。

紙をたたむと、彼はポケットにもどし、つけ加えた。「そうなんです、ドクター！　プライドが彼女の最大の欠点です。もしだれかが彼女に「あんたの彼氏ってすてきね！」というとか、ほかの女がわたしに関心をしめしたりしたら、そのときのローラのかわりかたをお見せしたい！　二、三日のあいだは彼女は狂ったみたいにわたしを愛します。なんということった！」


このあいだずっとローラはだまって身動きもせず、不機嫌な顔でまっすぐ前を見つめたままだった。わたしは彼女の言い分をたずねた。

「なんにも！」と彼女はこたえた。

「でも彼に対して文句があるでしょう」とわたしはせきたてた。

「なんにも！」と彼女はがんこだった。

「わたしとふたりだけで話したいのですか？」とわたしは思いつきをいった。

「いいえ。必要ありません。彼はわたしをたたくといったでしょう。わたしの文句はそれだけです」

と彼女はいった。

「わかりました」とわたしはいった。「あなたが彼の不満に同意したとして、そのことであなたが結婚生活と自分自身に満足していないことが、わかります」

そしてわたしは彼女にたずねた。もしかして結婚を強制されたのではありませんか、生活の安定のために？　彼女のこたえはノーであった。母親は音楽の先生で、彼女はピアニストとしてはほとんど母親をこえるほどにいっていたという。ふたりが暮らせるだけの金はたっぷりあった。彼女がスタンレーと結婚したのは彼が好きだったからだ。

彼女の愛を変えたものは何でしたか、とわたしはたずねた。

わかりません、と彼女はいった。たぶん結婚に期待しすぎていたのでしょう。

何を期待していたのですか、とわたしはたずねたが、彼女はこたえなかった。

「もっと性的満足が得られるはずだった？」とわたしはうながした。

「たぶん！」と彼女はいった。「でもセックスはそれほどたいせつだとは思いません」

「たぶんあなたの性生活がうまくいっていないので十分満足が得られないのではないでしょうか？」

とわたしはあえていった。

「そうは思いません」と彼女はいった。「その点では彼に対して何の不満もありません。彼は気をつかってくれます。わたしが期待していたように、わたしがそうありたいように性的に反応できないからといって、それは彼のせいではありません」

彼女がそうありたいとおもっていたのは、どんな反応だったのか、わたしはたずねた。そして彼女のこたえでわかったことは、結婚以前は彼女はスタンレーのキスや手をにぎることをたのしんでいた。ときにはとても興奮したので、それ以上を彼がもとめても、いやとはいわなかっただろう。スタンレーが彼女の初恋のひとで、彼女は二四歳だった。

「とうとう結婚して、性的に反応できない自分自身に気づき、そこであなたは彼との性関係に失望した?」とわたしはたずねた。

期待したのとはちがっていました、と彼女はいった。結婚前は愛撫やキスを「たんなる性交」よりずっとたのしんでいた。でも自分で理由はわかっています。彼女は主婦になるように育てられなかった。母親が家事とか料理は全部やってくれて、彼女は勉強と練習に専念した。結婚後はローラが家事を全部せねばならず、おまけにスタンレーの帳簿整理まで手つだわなくてはならなかった。おかげでピアノどころではなくなった。コンサート・ピアニストになるには一日六時間は練習したかった。彼女の考えによれば、性欲によって駆りたてられて結婚したが、それ以後、音楽とはなれてみると、あのようにたのしんでいた自分の才能を無視することが、セックスによってとりかえしがつくのかどうか、疑わしくなった。というわけで、彼女がセックスを過大評価しすぎていたことに気がついて、彼女はそれに敵意をもつようになった。

ここでスタンレーが口をはさんで、そんなことはぜんぜん知らなかった。いまのはなしを知っていたら、こんなところへつれて来ないで、おかあさんのところへ返し、楽をさせてあげたのに、といった。

わたしはまあまあゆっくりわたしのはなしをきいてくださいとたのんだ。そしてふたりの状況をこんなぐあいに要約した。

「Lさん、あなたのおはなしでは奥さんの性欲が刺激されるのはおふたりのけんかで興奮するようなときで、あなたが奥さんをたたいたり、または奥さんがコンサートとかダンスからお帰りのときだけだということでした。奥さんのおはなしでは結婚前はあなたがキスしたり、かわいがったりすることを、結婚後の『たんなる性交』よりもずっとたのしんでいたということです。このことの意味がおわかりですか？　『たんなる』ということばが、すべての問題をとくカギです。結婚以前は、あなたの時間はすべて性交への準備についやされた。結婚後は、準備よりも、性交そのものに時間をついやすようになった。奥さんは、興奮させられ、性交へと刺激させられたいのです。刺激なしでは、反応できません。このやる気をおこさせるのは、ペッティングとかダンスとか、奥さんのばあいだと、音楽だったりするわけです。コンサートのあとで性交したがることの説明はこれです。体の細胞から発散をひき出すものは、なんでも興奮なのです。残念ながら、口論とか、なぐりあいでさえも。

性交のための適切な準備にもっと時間と気をつかったなら、奥さんの音楽への渇望はそれほどつよく呼びさまされなかったでしょう。きっと、気をゆるして、満足していたでしょう。しかし、事実は、奥さんはしかるべき反応ができずに緊張がとれないままでした。この緊張があなたへの敵意を生み、しばしばあることですが、ぜいたくにしました。あなたのお金を浪費することは、無意識的な方法であなたと対等になろう、あなたを罰しようとしていたのです。

あなたが別れようとするときだけ、奥さんはあなたへの愛がたかまるということで、それをあなたは愛ではなくプライドの証拠だといいましたが、わたしは反対です。たぶん、すくなくとも無意識的には、奥さんはまだあなたを愛していて失いたくないからなのでしょう。

それはともかくとして、満足のいく性生活のための基本的ルールをおしえたいと思います。それが幸福な結婚の基礎ですから、それを実行して、その結果をごらんになってください」

結果　このカップルは六原則をならい実行した。彼らは性生活において、くつろいで幸福になった。性行為のためには彼女が十分な準備体勢になることが必要だということが夫に理解されたので、ローラは他の種類の興奮を必要としなくなった。しかし、彼女はいぜんとして有名なコンサート・ピアニストになる機会を失ったことにこだわっている。このこだわりがあるので、いまのところは、彼女の結婚を理想的なものにすることができないでいる。しかし、わたしはいぜんとして彼女の治療をつづけているし、やがては、彼女の有能で公平な母親の判断どおりに、自分の才能はかなりなものではあるが、特にすぐれたものでもない、ということに同意する日がくることをわたしは期待している。

グループC（すばらしい結果を生んだ事例）

事例　その七

ベティとラルフのカップルは裁判所からわたしのところへまわされてきた。五年の結婚生活ののちに、ベティは非常に神経質でいらつきやすくなり夫に対して敵意が激しくなったので、ふたりとも離婚を申請することに同意していた。しかし裁判官は和解の可能性があると思っていた。

第一回目の面接では次のことがわかった。ベティは家事をおこたり、しばしば遠方にとまりに行ったので、夫は自分で家事をしなくてはならなかった。ラルフは避妊のためにゴムまたは魚皮のコンドームをつかっていた。

離婚に同意するまえにわたしは六原則にしたがって三週間だけ性関係を再開することを主張した。三週間たってラルフがわたしをたずねて事態はぜんぜん良くなっていないと報告した。ベティはまたもや彼とはいかなる関係も拒絶するようになった。

わたしは彼女が約束したとおりに原則にしたがったかどうかたずねた。彼がいうのには彼女はそう努め、第一回目は性交をたのしみ、そのあとはゆるんだように見えた。二回目はそれほどうまくいかず、三回目はいままでとまったく同じにひどいものだった。彼女は彼がさわるのはおろか、同じ部屋にいるのさえがまんできなかった。

「あなたはたしかに六原則にしたがいましたか？」とわたしはたずねた。

彼は考えた。「ええと、そうでもありません」と彼はみとめた。「コンドームはつかいませんでした。わたしは親切にやさしくするようにつとめました。実行できなかったのは持続です」。彼は説明をつづけて、どうしても射精をがまんできず、自然に出てしまうといった。彼の義兄、K・L博士の意見によれば、それは早漏という有名な病気なのだそうだ。彼のはなしでは何人かの医者は緊張をゆるませ、困難を克服するために、何種類かの飲物をすすめられたという。しかし彼にはなんのききめもなかった。

わたしの答えは、あなたの義兄のように早漏を病気と考えるのはまちがっている。それは弱さ、未成熟のあらわれであるにすぎない。わたしは説明をつづけて、ちょうど幼児がボウコウの筋肉をしめて尿の圧力に抵抗できるようになるのと同じく、おとなは輸精管の筋肉を訓練して切迫するオーガズムの欲求に抵抗できるようになるべきだ。「射精はコントロールできます」とわたしは、断言した。それからわたしはつづけて、あなたは甘やかされた、だらしのない人間で、自分の感情をコントロールすることをまなんだことがないのだ、といった。

彼はこれをまじめに聞き、よくわかります、自分はひとり息子だったから、母親にはずいぶん甘やかされたにちがいない、といった。しかし彼にわからないのはそれがいったい何の関係があるのかということで、精液は自動的に流れ出てしまうのだから、彼はずっとオーガズムは不随意的なものだと信じてきた。これらの筋肉をコントロールできるなんてことをきいたのは、これがはじめてだった。できるとは思わないが、やってみたいと彼はいった。どんなふうにして始めたらよいでしょうか？

「子どもがおしっこをがまんするのと同じようなものです」とわたしは説明した。「負けてはいけない。自制力を行使するのです」。わたしは一歩一歩進むよう助言した。まず一分間がまんする、つぎに二分、そして五分、そして一〇分というぐあいに。

「輸精管の筋肉を訓練してあなたの命令をきくようになるまでは時間がかかる」とわたしはいった。「はじめは、射精が早く来すぎても、あまり気にしないように。すくなくとも三〇分間はペニスをヴァギナに挿入したままにしておけば、そのことは問題にはならない。そうすれば奥さんはゆるんでしあわせになり、神経質や緊張はなくなるでしょう」

ラルフはやってみることに同意したが、一〇秒間でさえ射精をがまんできるかどうか疑問だ、なぜならどの筋肉をつかったらよいかわからないから、といった。

「これをうまくコントロールすることは筋肉をつよめるだけが問題ではなく、意志の力の問題でもある」とわたしは警告した。「だから性格的にも強くなって、たまらないほどの欲望にたえる力を持たなくてはならない。もし予想される射精のよろこびをコントロールすることをまなんだら、そのときは他の感情のコントロールもまなんでいるだろう」。

彼は協力的だった。彼は一生懸命まなんだ。そしてついに自制を達成した。それにはほとんど三カ月かかった。

このあいだじゅうわたしはベティとはなして、彼女に忍耐をおしえようとした。はじめのころのラルフの試みの失敗、早漏のコントロールがうまくいかないことで、彼女の緊張といらいらは増すばかりであった。このつらい期間をきりぬけるために、わたしが助言したことは、長時間にわたって膣に注水することであった。ついに夫が自制という困難な課題を達成したとき、彼女はうまくいった性交によってゆるみきり、完全な生命のよみがえりを経験した。

それ以後三年半たった。彼らは二度とわたしをおとずれる必要はなかった。妻の弁護人はもはや離婚は考えられてないとわたしに告げてきた。

事例　その八

相談(a)　ミス・エスター・K、二七歳、私立学校教師。彼女はとり乱してわたしのところへきた。彼女は何で自分が悪いのかわからないといって泣きくずれた。彼女の話の大部分はハンカチーフからもれ、聞きとりにくかった。

それは主としてテッドのことであった。彼は三二歳で、一年前の夏にふたりは避暑地で出会った。彼は大会社につとめる化学者だった。ふたりは一目ぼれし、二週間の休暇中朝から晩までいっしょにいた。彼らはたがいに魅かれあい、彼女は彼の意にそって、学校をかわり、彼の町に来た。ふたりははじめは毎晩のように会い、いっしょに食事し、映画や音楽会に行ったり、どちらかのアパートでラジオをきいたりしていた。
二、三週間たつと、彼女は彼に会うのがいやになったが、まだ好きだという感じはあるのだった。それは強迫観念みたいなものだ、と彼女はいった。彼女は彼をさけねばならない。彼の声でさえいらいらさせる。しかし一週間もたつと、むしょうに会いたくなり、会いはじめ、いままでよりずっとすてきな気分になる。すると、また、どうしようもない強迫がおこり、彼女は彼からはなれなくてはならない。こういったくりかえしが習慣的になってしまった。彼女は自分自身がわからなくなった。わたしは精神異常ではないでしょうか、と彼女はたずねた。
その質問に答える前に、わたしは、ふたりが夕方いっしょにいるときに、どのようにして愛情表現をしているのか正直にはなしてください、とたのんだ。

彼女がいうには、ふたりは手をにぎりあいキスをするが、はしたないことは何もおこらない、という。彼はそのようなことは一度もしようとしなかった。

「キスは情熱的ですか？　舌をつかいますか？」とわたしはたずねた。彼女はうなずいた。

「安心なさい。あなたは正常です」とわたしはいった。「テッドに対するあなたの矛盾した気もちはとてもよくわかります。しかしそれはテッドがいるところで説明した方がよさそうです」

相談(b)　数日後にエスターとテッドがいっしょに相談にきた。テッドは背の高い、知的に見える青年で、感じやすそうな顔立ちだった。

「わたしがおはなししておいた方がよさそうなことがあります」と、ふたりが座るやいなや、わたしは切りだした。「あなたがたふたりはおたがいの愛を殺しあいかけています。これはとても情けないことです、というのはあなたがたはじつに似合いのカップルだからです」

彼らは驚いて、愛を殺しあうかもしれないとは、どんなことなのか知りたいといった。

「あなたがたは、してはならないときに愛をしています」とわたしはいった。「つまりこういうことなのです。あなたがたのキスであなたがたの細胞がめざめて発散をはじめます。この発散によりあなたの体は緊張します。それはあなたのてのひらを通して流れ、くちびると舌の粘膜を通して、たがいに、流れます。しかしキスは、何時間つづけても、あなたをゆるめることはありません。じつは、その正反対の結果を生むのです。手をとりあったときのよろこび、くちびるや舌が接したときのぞくぞくする感じは、あなたを局部的にゆるませはします。しかし、同時に、さらに多量の生体電気を体中に放出します。

そのような愛のたわむれは、性交への準備ですが、それ自体が目的になってはならないのです。あなたの行為は何年か前なら、それほど被害はなかったでしょう、というのは十代の少年少女だったら、発散をめざめさせるのに時間がかかります。何週間も、ときには何カ月も。しかし、ひとたびこの発散が完全にめざめ、キスが情熱的になり、深い愛の感情が入ってきたならば、高まる緊張からの解放が至上命令になり、自然はふたりのパートナーを性交へと駆りたてる。このクライマックスなしでは緊張がたえられない。というわけでこのお嬢さんはあなたから離れなければならない。これが過度の緊張からの彼女の自己防衛です。時間とともに彼女はしずまります。するとあなたへの愛情がまた姿をあらわし、サイクルがくりかえされる。

情熱的に愛しあっているカップルが、ぴったりひっつきあっているばあい、自然の要求に反して性交せずにいるとかすれば、やがては、反発や、憎しみの感情さえもって、別れるようになるものです」

テッドはわかりました、ではどうしたらよいでしょう、と言った。わたしは、少しきつく、わかってはいないようですね、わかったらその答えはひとつしかないはずだから、といった。彼はエスターと結婚して、彼女を完全にゆるみきらせるか、それとも別れるか、どちらかにするべきだ。

ふたりが帰るとき、テッドはこまったように見えたが、エスターはあきらかに満足してよろこんでいた。

相談(c)　三カ月後にテッドがやってきて、ふたりは別れたといった。テッドのはなしによれば、ふたりはこのまえここに来て以来会っていなかったが、きのう彼女がもどって来て、結婚しなくても性交してかまわないことをわからせた、という。しかし彼はそれを受け入れることができないと感じた。彼女はあまりにも正直で信心深いから、そのような関係にたえることができないはずだ、と彼はいった。それは彼女の良心を悩まし、何らかの種類の破滅に終わるにきまっている、と彼は思った。

「では彼女との結婚を考えているのですね」とわたしはきいた。

「いいえ」と彼は言った。「それが問題なのです！　わたしはずいぶん恋愛をしました、相手はたいていまともな人たちです。でも、いつも、したくなると、わたしはそのひとに関心がなくなるのです。

そうはなりたくないけど、なってしまうのです。エスターをそのような運命におとしいれたくはありません。わたしの感情はとてもあてにならない、あまりにも移り気なのを自分で知っています。それはドン・ファンというのとは、ちがいます。あなたがた精神分析のひとの言い分もわかっています。たしかにわたしは母親に愛着が深い、しかし彼女は死んでいます。女性に対するわたしの一貫した不貞は、母親への固着から生じたものではありません。わたしにはマザー・コンプレックスがないことはたしかです。事実、はずかしいことながら、母のことなどほとんど忘れているほどです」

あなたはこのことについてずいぶん考えたようですね、とわたしが言った。そこで感情の変わりやすさをどう説明しますか、とたずねた。

彼の説によれば、われわれの感覚は疲れやすく休息が必要である。たとえばバラはどうでしょうか、その香りはいつまでつづくのでしょう？　バラに顔をうずめてごらんなさい、何秒かすれば、もうにおいはしません。それを楽しむためには、しばらく、はなれていなくてはなりません。他の感覚についても同じです。彼は有名なキャンデー店のはなしを例にあげた。そこでは店主は店員たちに、ほしいだけのチョコレートを食べさせる。二、三日すれば、女の子たちはチョコレートにさわるのさえもいやだと言うほどになる。

恋愛も、すべての感覚をつかう点において、例外ではありえない。習慣こそ彼がもっとも恐れているものだ、と彼は言った。それは生活をつまらなくする。結婚は彼を習慣におしこみ、その結果エスターへの愛を殺すことは必然的だ。

わたしは感覚の原理は恋愛や結婚にもあてはまると同意した。しかしそういうことがわかっているのなら、飽きるのを恐れてそれを避けるよりも、もっとかしこく利用して楽しみを増すようにしたらどうでしょう、とわたしは言った。「原則は簡単です」とわたしはおしえた。「酔っぱらうまで飲まないことです。そこまですごせば自己嫌悪で目がさめます。あきるほどセックスにふけらないことです。そうすれば結婚はすばらしいものになることが約束されます」

それは言うは易く行なうは難しです、と彼は言いかえした。まだ飲みたいうちにやめるほどの自制力をもった人は多くはありません、と彼は言った。しかも、ほとんど恍惚になるほど愛しているときに、その女性をわがものにせずにいることは、さらに難しい。それのできるのは強い性格だが、自分はそのようにできていない。わたしはうなずいて、だまって聞いていた。

「それだけでなく、わたしを結婚不適格者にしている要素がほかにあります」としばしの沈黙のあとで彼が言った。「わたしの自由への欲求が大きすぎる。わたしはいかなる種類の強制にもたえられない。わたしに『するべきだ』という人がいたら、わたしはただちに毛をさかだてる。乞食でさえも、あわれみを強要したら、わたしはかたくなになり、びた一文くれてやらない」

彼はあきらかに重要な点にふれてきたので、しゃべるがままにつづけさせた。

「命令されたらどんな気がする?」と彼は叫んだ。「結婚式のあのナンセンスに『はい誓います』と言えというのか！　『死がふたりをひきはなすまで』だとは、なんというおろか！　まるで愛も、憎しみも、いかなる感情も意志によって作られるみたいだ！」

わたしは同意した。

「それからこんどは排他性の問題がある」と彼はつづけた。「まったく非合理的な不当な制限だ。ベートーベンを好きだからといって、チャイコフスキーやバッハに耳をとざせというのか？　エスターと結婚したらといって、他の女性の魅力に目をとざせというのか？　わたしの思考や感情をこのように強制せねばならないという要求ほどいやなものはない。思っただけで自動的にわたしは、法律的に愛させばならぬ人を愛することができなくなる。

おわかりでしょう、ドクター、わたしは結婚にはむいていないのです。エスターを愛するからこそ、結婚できないのです」と彼は結論した。

「説得力のある議論です」とわたしは言った。「ただ難点といえば、まちがった前提にもとづいているということです」

「どんなまちがった前提？」

「あなたが強制されている、ということ」とわたしは言った。「それは神経症的強迫観念です」。彼はこの考えを消化するのに、多少の時間がかかった。そしてわたしはつづけた。「きっとあなたの幼少の頃に、この強迫観念を説明できる手がかりがあると、わたしは思います。たぶんきびしすぎる父親とか心配しすぎの母親があなたの成長をさまたげ、この自由への強迫的欲求をつくりだしたのでしょう。しかしそれはフリコのふれすぎにすぎません。一方へふれすぎれば、こんどは反対に行きすぎます。強迫がなくなれば、中心に落ち着くでしょう。

暮らしていくためには、なんらかの制限をひきうけなくてはならないものです。交通、産業、教育、文化、あらゆるかたちの社会的行動は、自由をある程度制限しなければ、考えることができません。ほんとうに自由だとしたら道の反対側に車をはしらせることもできるはずです。生きることはそのような小さな自由の犠牲にあたいすると、たいていの人は思っています。同じ原則が結婚そして発展すれば家庭におけるふたりの生活にもあてはまります。『交通法規』というもの、たがいに気をつかうときの形式、というものがあって、それは受け入れて守るのが理にかなっています。このことをよく考えて決心してください。わたしが心配なのは、もし結婚についてはっきりしたイメージをえがかなければ、あなたはエスターを失い、安定した幸福への絶好の機会を失いますよ。それどころか、あとになって自分のおかしたあやまちの大きさに気づき、すごい自己嫌悪におちいり、みじめになるでしょう」

テッドはしばらくこのことを考え、いすにすわりなおすとこう言った。「ドクター、たぶんそのとおりです！　わたしの育てられかたについての推測はたしかにあたっています。それがわたしの行動を正しく説明します。ほんとうに、あなたの言ったことを、考えなおしてみるつもりです」

彼が帰ろうとするので、わたしはこうたのんだ。もし結婚しようと決めたら、まずわたしのところへおいでなさい。幸福な結婚への手助けとして教えておきたいことがあるから、と。彼はぶっきらぼうに礼を言うと、その必要はないと思う、と言った。その点について助言はいりません！

「言われたことに抵抗する強迫がまた出たのですね？」とわたしは言った。「わたしは助言したいと言っているだけです。心配なのは自分でやろうとすれば、すごくしんどいことになりそうですよ」とわたしは言った。「まあ、きいてみてください。その価値はありますよ」

相談(d)　三カ月たってテッドとエスターが再び相談に来て、とても落ちこんでいるようだった。「まだいっしょにいるのに結婚していないな」とわたしは思ったが、まちがっていた。彼らは六週間前に結婚したが、うまくいっていなかった。テッドはわたしの助言にしたがった、と言った。彼はずいぶん変わったと自分では思っていた。結婚が期待したようにうまくいかないのは彼のせいではないことはたしかだと思っていた。はじめ二週間は良かった。そして、少しずつ、前と同じく、エスターの反発がはじまった。そして、いまや、彼女が性交に同意しても、それはあきらかに楽しみよりは義務としてであった。というわけで、彼の結論は、彼が彼女を失望させたのではなくて、彼女が彼を失望させたのだ。彼女には何か変なところがあると彼は思っていた。

エスターは抗議しはじめたが、わたしはどうぞお静かに、まず御主人に対してわたしからいくつかの質問をさせてほしい、とたのんだ。「あなたがたふたりは助言をもとめておいでですね」とわたしは言った。「そうでなかったら、おいでにならなかったはずです。お助けするためには、あなたがたが正直にほんとうのことを言ってくださらないと、できません」

「もちろん」とテッドは同意した。「どうぞ」

そこでわたしがたずねたことは、ふたりがどのくらいしばしば性交をするかということだった。はじめは、一日に二、三回と彼は言った。しかし、二週間後には、一日一回にへった。それから、一日おきになり、現在、この二週間は、週に一度するかしないかだ。

そこでわたしは妻の反応についてたずねたところ、はじめはすばらしかった、ということがわかった。ふたりとも性交をこのうえなく楽しんだ。エスターは完全なオーガズムに達した。しかし、二、三週間たつと、彼女の反応はまったくなくなった。そして、ついには、性交は彼女にとって嫌悪すべきものになったことがあきらかだった。

わたしの次の質問は持続についてだった。はじめに、彼女がオーガズムに達するのに何分かかったか？

答えは「数分間」

「それからどうなりましたか？」とわたしはたずねた。

「とても満足して、わたしは自分のベッドにもどり、寝ました」と彼は言った。

「ベッドがふたつあるのですね？　いっしょに寝ないのですね？」とわたしはきいた。

「寝ません！　ふたりとも仕事があるので、ゆっくりねむりたいのです」とテッドは答えた。「夕方にはときどきいっしょのベッドにはいり本を読んだりしたものです」と彼はつけ加えた。「しかしこの何週間かはしていません。彼女のベッドにはちょっとだけでも入れてくれないのです」

「何か避妊の方法をとりましたか？」とわたしはたずねた。

「いいえ！　わたしたちはふたりとも子どもをほしがっています。しかし、今のような状況では、ない方がいいと思います」とテッドが言った。

わたしにはわかってきた。わたしの言ったとおりに結婚する前に来て助言をうけなかったことが残念であった。そうすればふたりとも不幸と失望をさけることができたことは確実であったので、わたしはそういった。

「でも、どのようにして？」と彼らは口をそろえていった。

「わたしの助言をおぼえていますね。情熱的なキスでからだからの放射をあまりにおこさせておいて、しかも正常な性行為でゆるめることをしないのは、よくないといったでしょう。そして正常な性行為とは何か？　あなたがたのやりかたではないんです！　あなたがたは完全な性への六原則のうち、ふたつに反しています。

学校でならった物理をおぼえているはずですね。かたいゴム盤をキツネのしっぽでこすると、このふたつの物体から電気がおこります。おなじ原理が性行為においてもはたらいています。ペニスをヴァギナでこすれば二種の異なった生体電気がおこります。男性器と女性器における生体電気のちがいは、前戯でよびおこされた体の放射を、ペニスとヴァギナに向けて流し、そこでふたつは中和しあいます。この中和とともに体の緊張は消えます。しかし完全にゆるみきるまでには約半時間かかります。

このことをかんがえなおしてください。どのようにして、完全な中和がおこるのをさまたげていたか？　あきらかにあなたは時間を十分にとらなかった。愛戯と性交によって生じた生体電気がからだにのこっていて、性交するたびに緊張がたかまるばかりだった。自然が反抗し、これ以上の放電がおこらないようにした、というわけでエスターは不感症になり、これ以上の責め苦をさけるようになった。

　これで、テッドよ、あなたとエスターの性関係の失敗が説明できるでしょう。それはまた以前のあなたの女性関係がながつづきせずに、失敗の感じでおわったことの説明にもなるでしょう。あなたが今まで倒錯的不貞とおもっていたものは、たぶん、このひとつの単純な事実に原因があったのでしょう」

　ふたりはしばらく黙ってすわっていたが、やがてエスターがおもいきったようにいった。「ドクター、わたしたちは六原則のうちのふたつに反していたとおっしゃいましたね。ほかの四つはどういうことですか?」。わたしは彼女ののぞみどおりに教え、ふたりが出ていったあとで、はたしていうとおりにするかどうかあやしいものだとおもいにふけった。

エピローグ

　一九四七年一二月、次のような手紙がきた。

　親愛なるドクター、

　あなたを最後に訪ねてから三年がたちました。あれ以後、相談にあがりませんでしたが、その理由はふたつあります。まず、わたしは南部へ転勤になりました。第二に、あなたの助言が必要ではなくなりました。あなたのおしえがわたしたちの結婚を一変して、地獄を天国にしたのです。わたしたちだけではありません。わたしの義兄も、妻の友だちにも、あなたのやりかたをおしえたところ、同様にうまくいきました。わたしたちには女の子が生まれ、もし次が――三カ月たって生まれる予定ですが——男の子だったら、あなたの名前をいただこうとおもっています。

感謝と尊敬とともに、

テッド&エスター・K

（追記　ざんねんながら第二子も女であったから、ドクターは次の機会を待たねばならない）

事例　その九

中年のハーバート・R氏は、娘のヒルダのことで相談にきた。彼女は一年まえに結婚したのだが、いまは夫から離婚訴訟をされている。彼女はあらゆる点からいってすばらしい娘なのだが、あることでひどく悩んでいるというのだった。彼と妻はそれをうちあけてほしいと娘に一生懸命たのんだのだが、だめであった。彼女はいまでも夫のことを愛しているとR氏は信じている、というのは彼女は以前にもまして悲嘆にくれているように見える。ところが、きのうわかったことだが、ふたりでわたしのところへ相談にくることにして、あした予約してあるというのだった。彼はそのまえに、ある種の情報をあたえたくてきたのだった。

わたしは答えて、ふつう、わたしの診断においては、親族たちによって影響されずに、わたし自身が結論をくだす方が好きなんです。しかし、せっかくここにお見えのことですから、おはなしをうかがうことにいたしましょう。

彼はただ、問題のふたりの生いたちのあらましをかたりたいのだということがわかった。ヒルダは彼のひとり娘で、二一歳で、うつくしい。

「彼女にはすばらしい教育をあたえました」と彼はいった。「うぬぼれるわけではありませんが、ヒルダほどすべての感覚を発達させた子どもはそれほどはいないはずです。とくに注意をはらったことは、自然の観察とたのしみ、良い本、良い絵、良い音楽をたのしむように教え、いわゆるあそびに時間を浪費することをいましめた。母親は娘に芸術と家事をおしえるのがとくいで、あのこはほんとうに楽しんでいました。妻とわたしの信念ですが、良い主婦になるということは女の子の将来の幸福にとって本質的な要素だとおもいます。あまりにも多くの未熟な子が社交界を蝶のようにとびまわっていますが、結婚してとつぜん家事の責任をもたされ、こんなことはいやだとわかったときは、もうおそすぎます。

こうかんがえてきましたので、ヒルダに大学へ行くことはすすめませんでした。妻とわたしの確信では、女の子の教育は、子どものときからずっと、きちんとした家庭をつくり、良い妻、良い母親になることが重要であり、表面的な科学の理論で頭をいっぱいにすることではない。そんなことをしても、女の本性を否定して科学者にでもならないかぎり、何の役にもたたないものです。たぶんわたしたちの考えは古くさいといわれるでしょう。たぶんそうでしょう。わたしは土木建築請負業をやっています。大学を出てから、いなかの女の子と結婚し、彼女は高校中退でした。しかし彼女は自然の美しさのすべてに敏感で、おどろくほど多量の直観をもっていました。一日のしごとを終えて家にかえることは、平和の港に入るようなものです。そして妻はわたしをしあわせにすることで、しあわせなのです。

ほかの女たちを見ますと、教育がいくらあっても、生活に不満ばかり抱いて……」

彼はあきらかに脱線し、とくいの一席をぶちはじめていた。わたしは、あなたのお嬢さんのおはなしをなさりに来たのではないですか、と彼に気づかせた。

「わたしがいおうとしているのは」と彼はいった。「ありもしないところに幸福をさがしているひとびとを見ると吐き気がする、ということです。わたしたちはヒルダをこんな運命から守ろうとしました。しかしその努力はすべて無駄だったようです。彼女の結婚は、ほかのひとたちとおなじく、めちゃめちゃになってしまったのです」

「わるい恋人をえらんでしまったのですか？」とわたしはたずねた。「あなたの義理の息子さんはどんなひとなのですか？」

ロバートはまだ二三歳だが、すばらしい人物です。と彼はいった。彼とヒルダはおなじハイスクールに行っていた。いつも仲がよかったが、友だち以上の仲ではなかった。ロバートは大学へいき、それから戦争にいった。だからふたりは何年もあっていなかった。しかし彼が海外からかえってきたとき、彼の若さにもかかわらず大尉になっていたが、ふたりはたちまち恋におちた。R氏は自分の仕事にロバートをひきいれ、彼はそれをうまくこなしていた。彼は責任感があり、信頼でき、正直でおもいやりがあり、そして、いぜんとしてヒルダが好きだった。R氏はロバートについてなにひとつ文句がなかった。それだけにR氏夫婦はまったくとほうにくれた。これはR氏にとっては解くことのできぬ謎としかおもえなかった。

わたしはこの一見解決不能の謎をとくために最善をつくしましょうといった。そして彼はこの訪問は秘密にしてほしいといった。わたしはそれを保証した。

翌日若いカップルがあらわれた。ヒルダはほんとうに美しい女の子で、思いやりと魅力をかねそなえていた。ロバートは、気もちのよい、すっきりした青年であった。彼らは離婚の申請をしたということだった。彼がこのことを言いおわるか、おわらないうちに、ヒルダが、わたしは待合室にいるから彼だけがおはなしをした方が、いいでしょう、といいだした。わたしはずいぶん苦労して彼女をひきとめた。

「行かないでください」とわたしはいった。「彼の言い分をきいてください。そして賛成できない部分があったら、あなたが訂正してください」。そしてわたしは彼に率直に問題をはなしてくれるようにうながした。

「ヒルダとわたしはあらゆる点においてうまくいっています。ただし」と彼はいった。「セックスをのぞいては……」

そのことばをきくとヒルダはまた立ちあがり、そのような個人的な話にわたしが立ちあう必要はありません、といいだした。

「お嬢さん」とわたしはいった。「あなたは結婚したとき彼を愛していたのですか?」

「もちろんです！」と彼女はいった。「いまでも愛しています」

「それならあなたがたの性関係はあなたがたのどちらにとっても美しいものであるはずです」とわたしはいった。「さけたり、恥じたりするべきものではありません」

彼女は個人的な生活をおおやけの場で議論されるのはいやだ、というようなことをいったが、わたしはこれは「おおやけ」の場なんかではありません、と抗議した。ただもうひとりの人間がいるだけで、それは心理学者で、性のことで悩んでいるひとたちを助けるための訓練をうけております。

ヒルダはほんとうは来たくなかったんですと答えた。彼女は来てもむだだと感じていたが、ロバートがあまり強くいうものですから、といった。

「ねえ、ヒルダさん――ヒルダと呼ばしていただきますが――」とわたしはいった。「あなたか、ロバートか、どちらかが助けを必要としています。あなたは彼のもの、彼はあなたのものです。セックスは両方の問題です。ですからあなたがたの性関係におけるどのような不適応も、それはふたりともがかかわっていることなのです。だからいっしょに、わたしが手助けしますから、あなたはそれへの対処のしかたをつくりださなくてはなりません。ですからふたりとも、どうぞ出ていかずに、ここで、ゆっくりと、セックスをほんとうに自然なものとして見るようにしてほしいのです」。そしてわたしはロバートにつづけるようにうたのんだ。

彼がうちあけた話はほんとうにしゃべりにくいものであった。それがはじまったのは、結婚の夜に、あるおそろしいことがおこった。ロバートは、とうぜんのことながら、六カ月の婚約の後でヒルダとふたりきりでいられるというので、とても興奮していた。しかしヒルダは気がすすまず、こわがっていた。彼女がゆるすまでには何時間もかかった。しかしそれでも彼は入ることができなかった。彼女はあまりにもこちこちになっていた。それで彼はワセリンをつかわざるをえなかった。ようやくのことで彼が入ったとき、彼女はすごく硬直して、たぶん彼女の筋肉のけいれんのために、彼はうごかすことも、抜き出すこともできなかった。ロバートはひっついたまま、とれなくなってしまった恋人たちのことをきいたことがあって、その男の方は壊疽《えそ》になってしまったということをおもいだした。彼はパニックにおちいった。絶望のあまり、彼は彼女をなぐった。そのとたんショックで彼は抜き出すことができた。ふたりとも傷ついた感じを何日もいだきつづけた。

幸運にもそれは正しいことでした、とわたしは彼はいった。ほんとうにそれのおかげでたすかったのです。それ以来、性交をこころみることはこわくなったでしょうね、とわたしは推論した。

完全にというわけではありませんでした、と彼にいった。彼女をわがものにしたいというあこがれはつよくのこった。彼女さえゆるせば、もういちどやってみたかった。彼はL博士に相談した。すると膣を拡張する手術をすすめられた。ヒルダはぜったいにいやだと反対した。そのことをほのめかすだけでも彼女はこわがった。だから彼女がわたしのところへ来ることを承知しただけでも、おどろくべきことであった、と彼はいった。

「すると、過去一年間、ふたりのあいだでいかなる性関係もなかったということになりますね?」

わたしはたずねた。

「いちどだけ」と彼はいった。「彼女の方から一種のあそびをしました」。ふたたびヒルダは立ちあがって出ていこうとした。顔がまっかだった。

「まあまあ、おちついて、すわりなさい」とわたしはいった。「すぐにわかるとおもいますよ、このことを徹底的にはなさなくてはならないことが」。彼女はためらい、そしてもういちど座った。

わたしはそこでこの性戯とはどんなものであったか、たずねた。ロバートはこういった。彼は放出の欲望がおさえきれなくなり、彼女に性器にさわってくれるようにたのんだ。彼女は、気がすすまないながらも、そうした。しかし勃起するやいなや、彼女は手をひっこめてしまい、それ以後彼にさわろうともしなくなった。「先生！」と彼はたまりかねてさけんだ。「わたしは若いんです、そして深く彼女を愛していて、貞節をちかっています。わたしは子どもじゃないし、ひとりでマスタベーションなんてしたくない。こんなままつづくなんてたまらない。こんな状態はがまんできない。ヒルダを愛すればこそ離婚するほかはありません、それは彼女のためだけでなく、わたし自身のためにもです。不幸なのはわたしだけではなく彼女だっておなじです」

「あまりあわてないことですね」とわたしはいった。「まずあなたがたの問題をもっと注意ぶかく調べてみましょう」。そしてわたしは彼らがおなじベッドでねますか、とたずねた。

ロバートはいいえ、といった。彼女のベッドにはこわくて近づけないといった。したいことはやまやまだが、もし彼女のそばにねたら彼はどうしても勃起してしまう。彼女に彼の勃起が感じられたらすぐに彼は押し出されてしまう。というわけで勃起することがつらいのだ、彼女のベッドにははいらないでいる。こんな苦しみはだれにもわからないでしょう、と彼はいった。

ここでヒルダが口をはさんだ、それはわたしも想像できます。彼にとってどんなにたいへんなことだが、わかります。けれどもわたしも同じようにつらいのです。でもわたしに何ができるでしょう？彼が性的に興奮すると、彼女は恐怖でおしつぶされそうになり、死んだほうがましだとおもう。ここまでしゃべると彼女ははげしく泣きじゃくり何もいえなくなった。ロバートは彼女をやさしく抱いて、おちつくようにといった。「ぼくたちはいっしょだよ、そして先生もたすけてくれるよ」

「だれもたすけるなんてできない！」。彼女は胸も裂けそうな口調でうめいた。

「大丈夫できますよ、ヒルダ」とわたしはいった。「ほとんど確実にいえることですがあなたは肉体的になんの欠陥もない。拡大手術をあなたが恐れて拒否したことは正しかった。膣のけいれんの原因がみつからなければ、そんなことをしても何の役にもたたないはずだ。あなたの膣がせますぎることはないとわたしは確信できます。それをせまくしているのはあなたが筋肉を緊張させるからです。それほどペニスをこわがらせるような何事かが子どものときにあったのでしょう。それは不自然なことですから、その原因をたどることができたなら、それを克服することができるとわたしは信じています」

すこし落ちつきをとりもどしたヒルダは、子どものときに何もおこらなかったと断言した。そして、彼女はロバートと結婚するまでは男の性器を見たことはなかった、といった。

わたしはやはり何かがあったんじゃないですか、だけどあまりにもおそろしいことだったので、無意識の中に埋めこんでしまっていて、おぼえていないだけなのかもしれない、といった。

するとロバートがいうにはヒルダに分析をうけさせたいとおもっていたこともあったが、それをすすめるにはためらいがあった、というのはそれは果てしなくつづき、すごく金もかかるものだということを知っていたから。

わたしは説明して、精神分析は魂の手術みたいなものです、といった。それはひとのしあわせにとって肉体の手術にも劣らぬ重要なものです。それはデリケートなしごとで、長期にわたる研究と、広い経験を必要とするものです、とわたしはいった。しかし、最終的には、たいていの患者さんは心の平和とリラックスを手にいれ、それは金をはらうだけのことはあったと意見が一致しています。

このようなはなしをしていると、ヒルダがとつぜん夢うつつの状態からさめた。「先生！」と彼女はさけんだ。「おもいだしたことがあるんです！」

「何を？」とわたしは待ちきれなかった。「いってごらん！」

彼女が話した事件は彼女が八歳のときにおこった。彼女の級友はマーディといって、約一マイルはなれたところに住んでいた。そのあいだには家が一軒もなく、ただ畠ばかりだった。マーディの母親とヒルダの母親は親友だった。毎日マーディがさそってヒルダと学校へ行った。ある朝のことヒルダはマーディをずいぶん待っていたが来なかったので、ひとりで学校へ行った。するとみんな興奮していた。なにかがマーディにおこったのだ、なにか謎めいたことが。でも先生は言おうとしなかった。

ヒルダが午後に家へかえって居間へはいろうとすると、マーディの母親がものすごくとりみだした声で「その男のけだものがうちの子を強姦したの。病院のお医者たちはなぐさめてくれようとしたけれど、わたしにはわかっているわ、うちの子は一生だめにされたのよ」。ヒルダは「強姦」てなんだろうとおもった。おかあさんにきいてみると、彼女は立ち聞きされたことがわかって、すっかりおろおろしてしまって、強姦はきたないことばだから、聞いたりしてはいけません。二度と口にしてはいけません、といった。

わたしはたすかった、とためいきをついた。これでヒルダは精神分析の必要はなくなった。「それで、ヒルダ」とわたしはいった。「大きくなってから、おかあさんはどんな説明をしてくれましたか?」

「なんにも」と彼女はいった。「おとうさんも、おかあさんも、セックスのことはわたしとはなしをしたことはありません」

「ではマーディがあなたに、その男がなにをしたかを話したのですね?」とわたしはきいた。

「いいえ」と彼女はいった。「マーディには二度とあいませんでした。彼女が退院するとすぐに一家は引越してしまいました」

「では強姦という語の意味はどうして知りましたか? これはたいせつです。しらべなくてはなりません」

「それは何年かたって」とヒルダがいった。「一三歳ぐらいになったとき、学校でグループの女の子が説明して、男のひとのなかには……」。彼女の声がふるえた。

「つづけなさい。彼女のいったことをくりかえして！」とわたしはすすめた。

「ペニスが杖みたいで、女の子の穴には大きすぎることがあるって。そういうペニスがおしこまれたときに、女の子は破裂してしまうの。それが強姦ということなのです」と彼女はしかたなしにつけくわえた。

「それでそんな話を信じていた？」とわたしは信じられない気もちで、たずねた。

「それをきいたときは吐き気がするほどでした。そういったことは聞いたらいけないと母親がいったことをおもいだして、そのことはかんがえないことにしました」とヒルダはいった。

「それについて意識的にはかんがえなかった。しかしそれはあなたの無意識にのこっていて破壊的な力となっていた」とわたしはいった。「これであなたはペニスの勃起を見るたびに恐怖におそわれていた理由がわかりましたね。自動的反応により、あなたは膣の筋肉を緊張させます。無意識的にあなたはそうすることでマーディの運命におちいらないようにがんばっていたのです」

ヒルダは確信がほしかった。「先生はほんとうにそれが理由だとおもいますか？」

「非論理的なところがありますか」とわたしはたずねた。

ロバートは興奮した。「このような子どもの頃の事件をおもいだすだけで、ヒルダがなおるというのですか？」と彼はさけんだ。

いいえ、それほどかんたんではありません、とわたしは説明した。しかし彼女の恐怖の理由がわかりましたから、彼女をたすける方法をみつけることができるでしょう。はじめにおもっていたより、彼女の話をきいた今は、ずっとやりやすくなっています。とわたしは信じています。

ロバートは彼女をたすける方法は何であるか知りたがった。わたしはふたりにむかってこういった、いまやヒルダは破裂した膣のおそろしい話によって無意識的に影響されていたことがわかったので、時がたてば、その恐怖は克服することができるはずだ。わたしは時がたてば、ということを強調してから、説明をつづけた。いまは彼女は、頭では、なにもこわがることはないと知っているけれども、彼女の膣の自動的なけいれんは、性交をこころみるたびに、つづくだろう。だから彼女はこのいわゆる条件反射を消すことをおぼえなくてはならない。

ヒルダはそれはどうしたらできるか知りたがったので、わたしは五つの指針をあたえ、もし忠実にしたがえば、彼女の筋肉を再教育して正常な反応ができるようになる、といった。しかしわたしは警告して、五つの指針のどれひとつとしてやさしいものはないが、あなたがたならできると信じる、といった。では注意してきいてくださいといって、わたしはロバートに紙と鉛筆をあたえメモをつくらせた。わたしはヒルダにむかって話しかけをつづけた。

第一、あなたは、一晩おきに、半時間づつ風呂にはいりなさい。それから横になってロバートに注意深く膣のマッサージをさせるのです。彼がマッサージをしているあいだ、あなたはできるだけ協力的にしてあげなさい。リラックスして！　ゆるめて！　そして膣がどんな感じがするか、わかるようになるのです。彼の指のうごきのひとつひとつに注意をあつめなさい。

第二、ロバートに誓いをたてさせ、あなたの態度がかわるまでは性交をこころみないことを約束させなさい。あなたがはだかで彼にだかれて、彼の勃起を感じても、ぜんぜん緊張せずにいられるようになるまで、つづけなさい。

第三、ロバートにクリトリスをさわらせてはなりません。クリトリスからだけしかオーガズムがこないということは、いぜんとしてマスタベーションをしたいということで、ふたりでするあそびにくらべて、ひとりでする子どものあそびからぬけだせないということです。あなたの感覚がクリトリスに固着しているあいだは膣で感じることはわかりません。うまくいっても、あなたの性の感じは分裂していて、集中していません。あなたの性の感じを膣に集中できるようになるには時間がかかります。しかし意志がつよければつよいほど、時間はみじかくてすみます。

第四、挿入を可能にするために、ワセリンその他の、人工的潤滑剤はぜったい使わないように。あなたが性交をしたくなったら、その準備できたしるしとして、液が自然に分泌され、なめらかになります。彼がはいるまえに、あなたが完全にぬれているのなら、あなたの性器は性交をしたがっていて、もはやけいれんをしたりして抵抗することはぜったいありません。

第五、ある体位でいっしょにねるようにしてください。その体位はこれからくわしく説明しますが、性交はせずに、しかもふたりの性器を密着できるようになっています。これらの五つができるようになったら、またいらっしゃい。そのときは性の完成へみちびく六カ条をおしえましょう。あなたがたのはじめの障害にもかかわらず、ふたりとも目標に達することができると、わたしは信じています。

ロバートは、ほんとうにふたりの和解の希望があるでしょうか、とたずねた。もしふたりがこれらの指示にしたがうならば、保証します、とわたしはいった。

ふたりはかえるとき、すこし元気になったが、まじめにかんがえこんでいた。

二週間たってロバートがもどってきて、幸福で顔をかがやかせていた。ヒルダとの関係が良くなったのだ、とわたしはおもった。すばらしく良くなりました、と彼は報告した。彼女はどんどん情熱的になっている。彼女の恐怖はちいさくなっている。彼女の膣はそれ自体の分泌でなめらかになりはじめている。彼は今六カ条について知り、彼女との性の結合を達成したいとおもっていた。

このカップルはあらゆる点においてわたしの助言にしたがった。みじめな挫折の一年間のあとで、彼らは正しい方法で性生活をはじめ、幸福の最高目標に到達した。けっきょく彼らは正常な、とても満足的な性の結合を数カ月したあとで、ヒルダは妊娠した。このときから彼らはカレッツァをした。(わたしがこれをすすめたのではなかった)。その完全な達成のための条件を彼らはすべて満たしていた。すなわち、(a)彼らは深く愛しあっていた、(b)彼らは情熱的にも、知的にも、肉体的にも、たがいにぴったりあっていた、(c)彼らはどちらも正直な性格で強い決意と意志の力をもっていた。

はじめての子どもが生まれてから二年後に、彼らは次の子どもがほしくなった。ヒルダの月経のはじまりからちょうど二週間後に、彼らはカレッツアをやめて、ふつうの性交にきりかえ、ヒルダはふたたび妊娠した。そして彼らはまたカレッツアにきりかえた。

わたしがあつかって成功した結婚のリストをつくるとしたら、ロバートとヒルダはトップにくるだろう。

この事例はいくつかの理由で特記されるべきだが、わすれてはならないことはこれだ。ヒルダの経験であきらかにされたことは、倫理的文化的に良い教育をしても、それがもっとも似合いの夫婦に対してでも、不幸な結婚の予防にはならない、性についての適当な教えが欠けているならば。

ここにのせなかった他の多くのカップルの例をふりかえってみて、ひとつの事実がきわだっている。六カ条を厳密にまもれるだけの忍耐と意志の力をもったひとたちが、おたがいの性の完成とこの上ない幸福の目標に到達した。品性というものが性の満足において重要である。

第七章　避妊

妊娠恐怖——この「カタストロフィ」を防ぐために多くのカップルがさまざまな手段をさがしているが、そのなかのいくつかはまちがいなく性的抑圧へ導くということにはまったく気づいていない。この予防策の多くがどんなに有害か、いくら強調してもしすぎることはない。それを防ぐのに支払う代償は、体力と性的感受性を失うだけではなく健康と活力と人生のよろこびを失うことだ。いまだに存在する無知の結果、避妊具や「コイッス・インテルプッス(引き出すこと)」のような方法で非常に多くの結婚が危機にさらされてきた。

コイッス・インテルプッス、性行為の早めの中断法——ヴァギナの外で射精する方法——は男女の性器が直接ふれあえるという利点があるので「電流の交換」はゆるされる。この方法の大きく不利な点は、男性がオーガズムへと完全に彼自身を捨て去るべきまさにその瞬間に、彼の全注意をヴァギナからタイミングよく抜き出すことに集中しなければならないことだ。自然の配慮では完全なリラックスの状態になるべきときに、こういう神経の緊張のさせかたは神経感応に障害を起こし、それは神経症をひきおこすかもしれない。

膣外射精の女性への悪影響はさらに明白である。彼女はいつ性行為がとつぜん終わるかわからなくなる。ときどきは彼女がまさにオーガズムにいきつこうとしたときにおきるので、その結果、彼女のほとんど耐えられない緊張は自然な解放を否定され彼女の中にとどまる。それにつづく眠れない夜は徐々に彼女に拷問でしかない性行為を拒ませるようになる。彼女は解放されない緊張で苦しむのを避けるために不感症へと逃げこむ。

ときには女性は性交が中断される前にオーガズムの状態にいきつくことができる。しかし行為が早めに終わるかもしれないといつも恐れているので、彼女はできるだけはやくことを成すためにがんばろうとする。その結果、行為中の恐れと頭からの緊張が彼女を、そしてパートナーも同じく、刺激しすぎの状態にしてしまう。衆知のごとく性交の最中になんらかの気がかりがあると性行為をだめにする。中断法の使用は、正常な性行為を不可能にさせる。

避妊具は「生体電気」の自由な交換をさまたげるし、性行為が生き生きと高められていくのをぶちこわす。性交はこうしてすでに述べたように一種の自慰的な行為となりさがり、パートナーの両方ともが失望し不満足の状態になる。このような状態のもとでおたがいの魅力は結果的にはすりへってしまい、おたがいに対し部分的に不能になってしまう。

しかし、結婚しているパートナーが子どもを望まないなら、ほかにはどんな避妊の方法があるだろうか？ そして、もっと良い方法があったとして、カップルにそれを用いるどんな権利があるだろうか？ 避妊は扱いにくい問題である。女性は彼女のこれから生まれてくる子どもに対してイエス、ノーをいう権利があるのだろうか？ その状態が彼女からうばうものは人権なのか？ そして、もしこの問題が女性の利益となるように解決されたとしても、なお避妊の適切な方法と手段に関して疑いがおきてくる。

たしかに避妊具の使用は無批判的に許されるべきでない。性交のみで完全なリラックスの状態がえられることや精子細胞の自由な放出のときの理想的な調整作用については否定できない。男性は自分の生殖の資力がしかるべきところにたくわえられていると直観的に知っていることで、最高の幸福がくることもたしかである。女性がたびたびヴァギナの下のほうで精子のあたたかい流れを感じることで歓喜の絶頂にいたることもさらに本当だ（子宮の頸状部とヴァギナの上方には知覚神経はない）。女性に用いる、ある種の化学的避妊法は最新の発見によると、七五から八五パーセントしか効果がない。そしてこの確実性が疑わしいことで女性は彼女の権利である性交の快い感覚のかなりな部分を失わなければならない。

その上、われわれの性交の六原則によると、行為のどの段階においてもふたりが完全にリラックスし、性のできごとに集中してじゃまされずにつづくべきなのだ。もし妻がこの化学的な避妊方法を用いるのに必要な処置で中断しなければならないと、性行為じたいが多かれ少なかれだめになる。あるいは、妻が性戯がはじまる前にその薬品を入れておいたとしても、その場合は性行為は理想の一時間以上より短くされなければならない、一時間後にはその効果がおちはじめるからだ。

X線の治療や外科的な手段はしばしば永久的な不妊をまねく。洗浄法は、もし有効だとして、性交の直後になされなければならない、それでこの手段は結合の後に必要な完全にリラックスすることをさまたげる。

不妊手術は——男性では、輸精管を丈夫な糸でくくるかそれを切ってしまう。女性では、輸卵管を結ぶか切る——どちらのパートナーも、その後子どもをつくれなくなる（外科手術で不妊となった若い男性の三五から四〇パーセントは、再手術によって今は父親となっている、とノースウェスタン大学医学部のヴィンセント・J・オコナー博士は報告している)。たくさんの人が後で状況がかわって妊娠を望むようになった時に、このような手術を深く悔いている。さらに、ひとは多かれ少なかれつれあいの不妊を憤るということが経験的にいえる。しかしたとえ手術がひみつでおこなわれパートナーに知れていなくても、性行為自体を、生殖能力のあるパートナーの側があまり望まなくなってくるようにおもわれる。このふしぎな事実はかんたんには説明できない。たぶん不妊法で取り去られるような男女の性細胞のあいだの引力は、われわれの理解以上に性のよろこびにおいて重要な役を演じているのだろう。

堕胎は違法であるばかりでなく女性の健康と生命にとって危険でさえある。ふたりの恋人どうしのあいだの完全な禁欲は、ほとんど確実に神経症へみちびく。どちらの道へまがっても、重大な問題につきあたるだろう。避妊には重大で基本的な障害がある事実はさけようがない。

他方では、出産は最も恵まれ、最も好都合で、最も適切な環境のもとでのみ行なわれるべき重大なことがらだ。農業経営者や動物の品種改良家はよく家畜を育てるのにたいへんな苦労をする。自然自体は自動的に強いものを選んでいく。しかし人間の出産をつかさどる法則はまったく思いもよらない子どもの誕生を促すことがある。ある遺伝子が胎児の発達を非常に危くし、その子の人生を不適当な準備のままで人生の闘争のなかにはいっていかなくてはならない。例をあげると、梅毒の母親が妊娠したとすると彼女は不健康な子どもを生むことだろう。この国ではいまだに法律がこの女性からそれを拒む権利をうばっている。

どの母親も自分の子どもに可能なかぎり最大限の完成を望んでいる。彼女は本能的に子どもにとってもっとも快適な環境で妊娠するよう骨おっている。彼女は自分が愛するひとは、健康で子どもの正常な発達を保証するような環境を与えることのできるような相手だと、思いこんでいる。つまり、彼女は本能的に無意識に優生学の法則に忠実であろうと努めているといえる（長期間禁欲した後の最初の射精では、精子が不活発で強くないので、妊娠させる目的でしてはならない）。しかし、法律は母親を助けるかわりに、この健康的な本能に彼女らが従うのをじゃましている。

女性の子どもをのぞむ強さは未来の子どもの幸福を得るチャンスに正比例する。神経症の女性や愛していない男と結婚させられた人は愛のある結婚をした健康な女性ほど、子どもを宿してもうれしくもないし幸福な未来を期待しない。なぜなら彼女は心が乱れたままで、強くて健康な子どもを生むことはないだろうし、訓練と教育のときに失敗するだろうから。

このように不幸な子どもたちをつくることが国家にとって何の利益があるのだろうか？　病人や情緒欠陥者や白痴や犯罪者の生産を奨励する目的は何なのか？　精神病院や感化院や監獄に使うお金を、健康で有益な市民が健康な子どもを持つように保証することに使うほうが良くはないか？　事実は、われわれの堕胎禁止法は法理論家によって発明されたのだが、時代おくれになっている。生物学者の立場から改訂する必要がある。この領域では植物、動物の品質改良家ならだれでも法律制定者に有益な知識を与える資格がある。

ブタが一二匹の子どもを産んだ。一〇匹には愛情をもって注意ぶかい母親でいたが、のこりの二匹は食べてしまった。母親の姿をした怪物だったのだろうか？　いや、未来をみとおしてのことだったのだ。母親の十分に発達した乳首は一〇しかなかった。ちょうど一〇匹を養うだけの能力だったので一番弱い二匹の子を殺したのだ。

このような自然の優生学的法則は動物の生活のなかではくりかえしみられることだ。例えばミツバチはなかまの働きバチが病気になると仕事のじゃまにならないように殺してしまう。洞くつに住む動物は病弱の子を殺してしまう。なぜならもし自然に死ぬまでおいておくと洞くつを汚すからだ。人間は怒ってこのような動物界の悲劇を「畜生だ」という。しかし文化文明で本能の衰えた人間が行なうよりもずっとかしこい方法をとっている。

それでは女性は法律をやぶらず、健康もそこなわないで、結婚を保証しながら妊娠を避けるために何ができるだろう？

現在知られている唯一の自然で健康な避妊方法は「リズム式」と、ある条件のもとでは、「カレッツァ」がある。精液あるいはある種の腺からのホルモンを注射すると一時的な不妊をひきおこす（数カ月間）。

ドイツのヘルマン・クナウス博士と日本のオギノ博士に紹介された「リズム式」は多くの疑いと不審にもかかわらず、何千ものカップルがためして信頼できることを証明してきた——しかし正しく理解され、まちがいなく用いられるという状況においてのみ。

この自然な避妊法を理解するには排卵の過程をおもいださねばならない。月経の目的は死んだ卵子の排泄だけでなく、子宮内部の粘膜の排泄もするので、それがはがれるときに、もろい血管を多くやぶってしまう。すると新しい粘膜がつくられ、次の排卵期に卵管をとおって新しい卵子が子宮に着くのを受けとめる用意ができる。動物たちのあいだでは排卵と月経は同時におこなわれる。これにうたがいもなく交尾期の雌が出すにおいが雄を性交にさそい、このときが新しい卵子が子宮にはこばれたところなので最も受胎に適しているという事実と関係がある。

人間では、一般に、排卵は月経から二週間後にある。一九三〇年にクナウスとオギノがそれぞれ別に行なった実験でわかったことは、人間の卵子は卵巣からでて最大限二日間、生存し受胎できる、そして精子はふつう二日間だけしか生殖能力を保持できないということだ。

この学説に反論して、カーンは著書『われわれの性生活』(一八二ページ)で、「精子は女性のあたたかくしめったからだの中では何日も、何週間でさえも受胎能力を保つことができる。彼らは性器のあらゆる部分をはいまわり、管をさまよいぬけて腹腔にはいり、卵巣のまわりにむらがって、成熟した卵が出てくるところを〝かぎつけ〟、キツネの穴の前で猟犬が待ちぶせるように、何日間もえじきがでてくるのを待つのだ。それゆえ、受胎は性交した日から二、三週間後にもいぜんとして起こり得る」

もしこの文章がいくつかの場合にはあたっていたとしても、法則とはみなしがたい。過去一七年間、わたしは数えきれないほどの女性に、信頼できる正確な月経周期のあるばあいに、よく用心してリズム式をすすめてきたが、たった三人妊娠しただけだ。しかしこの三人の女性の場合、夫は望んでいないが女が子どもがほしくて、故意にか無意識的にか、安全期間を数えまちがえたにちがいない。この女性たちは運よくわたしの方法がわるいせいにすることができた。三人ともじつは子どもがほしかったのだ。

卵細胞が排卵されて四八時間以上は受精能力をもつことができないことは科学的に明らかにされているし、ある科学者たちによると二四時間より多くはない。同じ組織の細胞である精子細胞がなぜもっと長い存命期間をもっていなければならないのだろう?

たぶん、カーンの引用している例にはなんらかの異常か、まちがいがあったが、気づかれなかったのだろう。

しかしリズム式を信用していないのはカーンひとりだけではない。たくさんの科学者が疑いをもっている。この問題が解決されないかぎり、女性はこの方法にじゅうぶんな信頼をおくことができないだろう。恐怖が性行為に入りこむと、性行為全体がだめになる。

すでに述べたように、規則的な二八日の月経周期をもつ女性はすべて月経のはじまる日から一四日目に排卵がおきる。この事実から妊娠しない期間を規則通りに計算することが可能となる。

正常な月経周期の女性が、たとえば六月一日に月経がはじまったという場合にあてはめてみましょう。六月一日から一四日までは子宮に入った精子は卵子をみつけることができない、だから受精はおこらない。だが六月一四日には卵細胞が卵巣から排出されて一日か二日、一六日まで生きつづけるだろう。しかし、一般的な意見によると、精子細胞は二日間受精能力を保ちつづけるから、六月一二日に子宮についたどの精子細胞も二日後に到着する卵細胞を受精させることができる。だから六月一二日から六月一六日にかけて四日間に性交すると受胎することになるかもしれない。この四日間の前後に予防手段として念のため一日加えるべきだろう。一二日より一日前から一六日の一日後までのあいだ禁欲が望まれる。だからこの女性は六月一日から一一日までと六月一七日から二八日までの間は、ふつうなら受精することなしに性交にふけることができる。六月一一日から一七日までの六日間は彼女にとって受精することができる期間だ。

これを公式にすると、規則的な周期で月経のある女性の受精がおこなわれない期間は(a)月経の始まる前の一一日間と(b)月経の最初の日から一一日間、となる。

あるポリネシアの慣習では結婚前の性的関係を認めている。二年間の仮の結婚のあいだ彼女たちはぜったい妊娠しない、しかしほんとうの結婚をしたとたんにほとんどぜったいに子どもができる。この事実は探険家たちによって報告されたが説明はない。この人たちはたぶん本能的にこの自然の避妊の知識を持っていたのだろう。

一九三七年四月に北京で、たまたまわたしはD・A・ダスグプタに会ったが、彼はちょうど南太平洋での民族学の研究から帰ってきたところだった。ダスグプタ博士の報告によると、パプアのある群島に何千年間もあるタブーは、婚前交渉を前の月経の最初の日からかぞえて一二日目から一六日目までの間、禁じている。原住民はこのタブーになんの理由もつけていない。この人たちには結婚前に子どもができないことと、このタブーは関係があるとダスグプタ博士はむすびつけていなかったが、わたしの長いあいだ抱いていた理論はさらにおしすすめられて証明されたことになる。おもしろいことにはそこの原住民たち自身は妊娠を海で水浴した結果だとおもっている。彼らは性交と妊娠のあいだに関係があるとは思っていない。一方では、ユダヤ経典『タルムード』には結婚したパートナーたちは月経の始まりから一四日後に性交すること、と明記してある。この法への服従がおそらく、ユダヤ人の多産として有名な事実の原因となっているのだろう。

このような慣習と命令は妊娠の法則についての本能的な理解にもとづいているが、実質的にはクナウスとオギノの最近の実験による現代の科学であかされた知識と同じくらいねうちがある。

月経周期が不規則な女性には、別の方法がつかわれる。二八日間の周期がきちんとしていない女性はこの方法をもちいるべきではない。しかし、わたしのこの一〇年間の経験によると、どんなに不規則な月経周期の患者も性関係が順調に健康的になると規則的になるものだ。規則的なのが三回あったら、この方法をつかって成功する可能性が高い——しかしその前はいけません。

ある女性たちは秒単位で排卵の瞬間を感じることができる。卵巣から卵細胞が降下しはじめるのは、神経過敏や気まぐれ、ゆううつの状態となってあらわれる。もしこの神経過敏を感じたときに、骨盤内の器官の感じに注意を集中することをおぼえるなら彼女は細い針でつついたような、ちょっとした痛みに気づくだろう、そして卵巣から卵子がでようとする（排卵）瞬間をほとんど秒単位であてることができるだろう。これがわかったなら、それから二日間性交せずにすごせば、たとえどんなに月経が不規則であっても、次の月経がはじまるまでは受胎するはずがないと、安心していられる。

ラングマン博士（エール大学）はバーのガルバノメーター（検流計）を使って排卵の瞬間を測った。

物理学の分野でのこれらの実験は、月経や排卵といった性的なできごとはすべて生体電気を発生するという事実に基づいていた。もし彼の実験が科学的に認められるなら、このような検流計がおおやけに入手できるように製造されてリズム式避妊法が月経不順の場合にも用いられるようになるだろう。

一九三九年に、もとクリーブランドのウェスタン・リザーブ大学医学部のボリス・ルービンスタイン博士は、どんなに不規則であろうが排卵の正確な日を測定するかんたんな方法を発見した。毎朝同じ時刻に、寝床から出るまえ、食べたり飲んだり、タバコをすわないうちに、体温を口か直腸ではからせる。五分後に紙に体温を記録する（口内の体温はだいたい三六度六分ぐらいで、直腸より六分ほど低めだ）。彼女はふたつの月経の間のまんなかあたりの一日をのぞいて体温がまったく一定なのに気づくだろう。とつぜん、はじめに体温が下がりそして急に上がる、そして次の月経まで高めを維持する。これは排卵の日をあらわしている。それの二日目から一四日後までは妊娠しないことは確かだ。赤ん坊のほしい女性は、この体温の急上昇する日が妊娠するのに最良の日だ。「妊娠すると、基礎体温は最初の二、三カ月間は高めを維持する」（エドワード・デイビス）。

「病気、性交、アルコールとか特別な薬物とかいった、いつもとちがうことが起こると、体温が不規則な曲線をえがくことがある。起きる時刻に大きな変動がある人は、排卵でなくとも体温に変化があるだろう。それでもやはり体温が急に下がって上がるのは排卵を示している」（トムキンズ、アメリカン・メディカル・アソシエーション誌、一九四六年七月一―五）。

今では科学に受けいれられているが、この発見はたいへんな価値がある。恐怖のない、完全に抑制のない性交を可能にしようとするような手段ならなんでも、人類の健康と幸福のためによろこんで歓迎すべきである。この発見の重要性は過大評価ではない。

リズム式とカレッツァだけが理想的な性の遂行を損なわない方法だ。しかしリズム式は最初にわたしがいったように、体温の記録なしでは月経周期が定まっているときにのみ、うまく用いることができる。カレッツァは愛情と意志の強さを等しくもった選ばれたカップルのみが用いることができる。パートナーの片方がリズム式を信用しないなら、用いることはしないべきだ。恐れほど性行為を破壊するものはない。

女性が妊娠したかどうか知りたいときは、最近では二時間で答がでるテストがある。それはジョージア医科大学のハーバート・カパーマン博士とロバート・G・グリーンブラットによって発表された。カリフォルニア医科大学のアーンスト・W・ペイジ博士の報告によると妊娠した日は五日間ぐらいまでの正確さで当てることができる。

『アメリカン・ジャーナル・オブ・サージェリー』(一九四八年九月)によると、今まで発見されたうちで一番かんたんだといわれる新しい妊娠テストでは、てはじめの二五〇ケースを一〇〇パーセント正確に当てた。このテストは女性ホルモンのエストロンを五日間に三回注射する。そうすれば二四時間内に答がでるとイリノイ州シャンペインの、シャーマン・S・ガレット博士は、いっている。妊娠していなければそのホルモンがおくれている月経をはじめさせる。ガレット博士の指摘によれば、このテストは他のものよりかんたんだということだ。いままではウサギ、ハツカネズミ、ラット、カエルやヒキガエルを使わなければならないとか、高いお金がいるとか、ときどきは不都合や遅れがあった。

ふつうの環境で、規則的な月経周期であるなら、前に述べたように、月経開始前の一二日間と、開始後の一一日間は妊娠しない。しかし忘れたり不注意から妊娠したら、そのときは運命みたいなものとして受けいれるべきでしょう。両親とも赤ん坊が生まれたならばこの「事故」に感謝するでしょう。たぶん、避妊を望む理由の多くは利己的なものだ。彼らはじゃまされずにいい時間をもちたいか、子どもを育てる余裕がないと思っているのだ。かってはこのような理由で子どもをつくるのに反対だったが、子どもができてからは、そのおかげで非常に幸福になった両親たちがたくさんいる。

結婚したふたりにとって自分たちの愛でおたがいが関わってつくりあげる、新しい生命の奇跡ほど人生を深め豊かにするものはないのだ。

第八章　不能と不感症

性的欠陥のはなしに移って、人間の性関係におけるふたつの敵としてよく知られている不能と不感症からはじめよう。

不能と不感症の意味を徹底的に理解することが、多くの結婚のこわれる原因となっている異常な夫婦関係についての議論にあたって、まず必要だ。

不能とは男性のペニスが勃起にいたらないことだ。不感症は女性が性行為のあいだに無感覚であることをいう。不能と不感症は、たいていの場合、心理学的な原因をたどることができる。

多くのひとがおもうように、女性は性行為においてたんなる受身の役を演じるべきだ、という考えはまちがいだ。性行為に対する女性の肉体的反応は性交がうまくいくために最高に重要なものだ。女性は前戯で十分に刺激されてヴァギナに十二分な分泌が出ているべきだ。ヴァギナがしめっている状態でのみペニスの正しい挿入ができる。彼女はまた膣の入口をあけたりしめたりする環状の筋肉、括約筋を開くことができるようになっているべきだ。

性の歓喜の絶頂の瞬間に女性の膣の腺は分泌物をだし、それが近づいてくる精子を子宮へ導く。射精と、女性の腺からの分泌が、ヴァギナと子宮の筋肉の脈動といっしょになって、歓喜のはげしい感覚の絶頂に達し、これがオーガズムとよばれる。性交がうまくなされたときにはこのオーガズムはふつう男性と女性に同時に起こる。

男性の正常な機能を不可能にする不能には四つのタイプがある。

(1)ペニスに感覚もありヴァギナに入ることもできるが、射精が早すぎて、女性がオーガズムの状態にいきつく前に終わってしまう。これは前の章ですでに述べたように、早漏とよばれる。
(2)精液がぜんぜん流れださない。
(3)ペニスが十分に勃起せず、ヴァギナの入口からなかへ入ることができない。
(4)ペニスがぜんぜんやわらかくうなだれたままである。

女性の不感症には基本的な三つのタイプがある。
(1)ヴァギナが多かれ少なかれ乾いたままである。
(2)ヴァギナが十分に湿っているのに、性行為に気がのらないままである。
(3)膣のまわりの筋肉が鈍っている。

この心理学的な面を考えるまえに、このような抑圧のうしろにある生理的状況が理解されていなければならない。抑圧の原因というものはたいていいつも、無意識的なものなので苦しんでいる本人の意志ではコントロールできない。それでは、このような抑圧がどのようにはじまり、そしてどのような目的をもつのか考えてみよう。

性的衝動は神経から性器へ流れてペニスの神経（ネルヴィ・エリジェンテス）を刺激して勃起させる。しかしもし逆の流れがあって、性衝動が神経を通って終点まで一気にいこうとしている流れを妨げるとしたら、ペニスの神経は興奮しないままだ。その血管の筋は緊張したままだ。そして、望みとあこがれと性的欲求にもかかわらず、ペニスはしなびたままだ。

同じような状態が女性の性衝動がヴァギナの腺にいく途中で止まってしまうときにみられる。そして腺からの分泌はなくて、ヴァギナはかわいたままだ。さらに、抑圧的な逆流は膣の筋肉のけいれん的な収縮をひきおこして、ペニスが入ってくるのを拒む。

性的神経の抑圧に対して直接的に意志の力で影響をあたえることは不可能だ。もしこれが可能だったら、性的障害の問題は存在しなくてすむだろう。ペニスもヴァギナも医学的に「平滑筋」とよばれるものをもっている。このような筋肉をもつ器官の機能は（例えば腸）通常われわれの意志の支配をうけない。しかし、これらの抑圧をなおす間接的な方法はある。そのもとが精神的原因にあるのだから、精神的な影響には支配される。

性的興奮はふつう意志の力で左右できる。性器は二つのしかたで影響される。それはそこへ流れる神経系統が二つあるからだ。すなわち、(1)中枢神経組織、脳の神経節からと、(2)末梢にある神経節から。どちらの神経節のグループも性の神経に欲求と命令を送り、それをこんどは性器に伝える。

われわれの性の欲求は感覚器官のすべてと密接にかかわりあっているので、性器の興奮はふつう多くの異なった方法でおこり得る。たとえば、顔やからだの線をみてとか、歌う声あるいはキスや愛撫の感じで。においでいえば、汗や髪、体外にある性器、精液、動物臭の脂肪酸をふくむすべての物質などは性器に対して刺激的な影響をあたえる。とくに神経症的抑圧のある場合には、たとえそれが、同時に嫌悪や恐怖をおこすことがあるにしても。このようなさまざまの刺激物は、脳の神経節をうながして性器に対して興奮の波を送らせる。

神経症的抑圧はこの伝導を妨げて、結果として不能や不感症になる。今日、文明化された人類にひろく存在する多くの神経症のひとたちが、さまざまの度合いでこれらの性的不幸に苦しんでいる。これらの性的障害のかくされた原因は、もとをたどればただひとつのみなもと、恐怖にいきつく。しかし、ある種の変形はしばしばくりかえされるので、これらを典型的と呼んでもよい。

不能とか不感症のような性的無能力の精神的な原因は、大きく一二のグループに分かれる。厳密な区別は、境界線上にある場合や変動する場合が多いので不可能である。それでもやはりこれから述べる分類は問題を研究し理解する助けとなるだろう。

性的不能の精神的原因

(1)まちがった教育からきた性衝動の軽視と堕落。羞恥、恥辱、後悔、罪悪感を過度に発達させすぎる。

(2)病気や妊娠の恐れと、それを防ぐためにまちがった方法をつかう。

(3)自己中心の態度を発達させすぎて、性的関係において反社会的だったり過敏になったりしている。これは性器の反発をまねき、その機能を拒む結果となる。

(4)愛情の欠除。おざなりの、愛情を欠いた教育が、潜在している優しい感情をよびおこすのに失敗してしまう。情緒的未発達。
(5)不似合いのつれあいへの無意識の拒絶反応。
(6)劣等感。失敗と嘲笑への恐れ。
(7)優越のためのたたかい。愛において我を失うことのおそれ、自立できなくなるのではないかというおそれ、これは女の役割をひどくきらっている女性の抗議としてあらわれることがある。
(8)男性の女性化や女性の男性化は、性の電圧を減少させる。
(9)悪い見本。性がすべての不幸や屈辱の根源であるかのようにおもわせる、両親や親類や友だちの不幸な結婚。
(10)異性の親への強すぎる愛着が原因となる、エディプス・コンプレックス。愛情をむすぶことや結婚がそのとき親に不義をはたらくかのように無意識に感じてしまう。これは親への同情とか親を捨てることの恐れとが複雑にからんでくる。一方でこのエディプス・コンプレックスは近親相姦のタブーと葛藤をおこす。
(11)芸術、科学、スポーツに過度な昇華を行ないすぎて、性的にいくべき大量のエネルギーを失ってしまう。さらにこのグループに属するのは、過度の愛撫やキスによる昇華が、性欲をおこさせつつ、満足させることがない。この過程がコンプレックスにまでかたまると、性器は多かれ少なかれ無視される。これがよく知られる長い婚約の結果だ。
(12)最後に一二番目のグループに属するのは、片方のパートナーの性的抑圧がからだからの生体電気の発散を妨げるので、その結果もう一方のパートナーにとって性行為が苦痛と絶望の原因になってしまう。(最近のある観察結果によれば、男性の性的不能の原因として、ほんのちょっとした肉体的なことがある。あまりに暖かすぎる下着を着るとか、夜眠るときたくさん毛布をかけすぎるとか、こういうことが性欲や性能力を減少させるようだ)。

これらのグループのいくつかについてはさらに原因の説明が必要だ。

まず、まちがった教育によって、性衝動の価値をひくめたり、恥じたりすることについて考えてみよう。性本能をなにか低級なものとみなし、成長途上の、とくに思春期の子どもに、それをもっとも有害な敵として教えるような教育方法の犠牲者がここにある。このように教えることは悲惨な結果をまねくにちがいない。

性について人工的につくりだした恐怖は、とくに女性において、強い抑圧を生じ、たとえ法律的にも道徳的にもみとめられる婚姻関係にあっても、全面的にはとりのぞくことができないことがある。くりかえし、くりかえしそれはさからいがたい力をあらわし、無力な犠牲者がその支配から完全にのがれられることは決してないだろう。

もし教育が少女たちに、性に対してこのような態度をつくりあげる努力をして成功するなら、この教育方法の悲劇はただちにその新婚初夜において明らかになるだろう。その女性にとっては、愛する相手が、彼の性的欲求でもって彼女に苦痛を与える者と思える。彼女はかわいたヴァギナで、だまって冷淡に犠牲者として、彼に身をまかせるか、もしくは彼をまったく拒否する。彼女の行為はこんな叫びに結晶している。「あんたはケモノだ。わたしのからだだけもとめて、魂を愛してくれない」

かしこい教育だったら彼女に魂とからだは分けられないと教えただろう。からだをかたちづくる何十億もの細胞のそれぞれが魂によって生命を与えられ、そしてそれゆえ魂の一部なのだ。男性はたしかに生命のないからだ、ただの細胞の結合を愛したりはしない。彼が愛するのはそのなかにある生命、愛する者の生きた細胞から流れでる固有の生気と、彼自身に力強い反応をおこさせ放射をひきおこす、彼女の生命なのだ。

引きつける力と反発、共感と反感、愛と憎しみの謎のすべては、基本的に、この目にみえない独特の波動の放射にもとづいているようだ。ふたりの間にこの放射の交換が完全に行なわれるとき、愛はもっとも情熱的な成就をとげる。

もし選んだ相手が彼女の魂だけを愛しているなら、どんな女性もほんとうに満足することはないだろう。このような愛情は友情より劣り、尊敬や崇拝よりも劣る。なぜなら友情においてさえ、ふたつの身体からの調和した放射が役目をはたしているからだ。

身のほどしらずの、肉体的な愛を卑しんでいるまさにその女性が夫にむかって要求する。「あなたはわたしを欠点すべてをふくめて愛してくれるべきだ」

何ゆえに彼女は彼に愛してほしいのか？　彼女のそのような悪い性質のゆえにか？　もしそうなら彼はこの特定の女性を必要とはしないだろう。本質的には、たとえどんなに彼女が良い性質であったとしても、そのために愛するのではない。というのはもし彼がこれらの性質のために愛していたとしたら、彼はその性質をもっている程度に応じて、どの女性をも愛さなくてはならなくなる。

「愛の選択」の章の説明ではっきりするはずだが、愛はその対象の性質には関係がない。女性に罪がなくとも、夫がもはや肉体的に感じなくなると同時に彼女を愛するのをやめるだろう。愛情を説明しようとするときに、しばしば個人の性質を過大にみつもる傾向がある。よく聞くのは、「彼女ほど親切な女はいない」とか、「彼ほどりっぱなひとはいない」という表現だ。客観的な聞き手はこのような誇張した表現にほほえむしかない。実際においては、愛情の意味は、わたしの意見では、生命力を強め細胞の緊張を解放する放射という無形の効果にある。それができればできるほど、彼または彼女をより愛するようになる。このホルモン活動に強く作用して影響を与える放射が一時的に妨げられたり、まったく作用するのを止めてしまったとしたら、たとえどんなに激しい情熱であっても、とつぜんの終わりがくるだろう。このようなことが起こった後はかつての情熱的な恋人どうしが、まったくの他人のように冷たく、批判的におたがいの顔をみあわすのだ。

「あなたは私の魂ではなく、肉体を愛しているのだ」と泣くのは、その女性は、性的結合が肉体だけに関係するのなら、キスや手に触れることが魂のあらわれだとでも言いたいのだろうか？　否。彼女は何かもっとちがうことをあらわそうとしているのだ。それは彼女自身はっきりと意識できないが、なにか、たとえばこのようなことだ。「どうかわたしをわかって。わたしは自分の性の欲求の抑圧に苦しんでいるの。それがわたしを不感症にする。親切にして、しんぼうして。恥と罪の感情をゆっくり克服させて。優しさと愛撫、愛情と理解でもってわたしの全感覚をめざめさせて。わたしの抑圧とたたかわせてほしい。せかさないで。性欲求でわたしのからだが帯電するまで待って。それからならあなたの妻としてあつかってもいいわ」

もし男性が愛する女性の接近で何度も欲望をかきたてられながら、いつも拒まれて解除されない性的緊張を抑圧するなら、性的欲求と痛い思いがむすびついて彼のなかに「コンプレックス」をかたちづくるだろう。とつぜん彼は欲求不満の勃起はしなくなり、不能となる。

はじめは女性はそれによって無意識の目的をはたしたかのようだ。彼女はもはや性行為を恐れなくてもいい。しかし、彼女がついに安全になったときに、たいていは性行為の欲求が起こってくる。しかしこのとつぜんめざめた願望は自分をあざむいているだけだ。なぜなら彼女はその実現から安全なことをよく知っているからだ。もし男性がとつぜん能力をとりもどしたら、古い筋書きがくりかえされるだろう。

不感症の女性は、どこか無意識の心の中で、自分の性的無能力を欠点とか、ある種の罪とかのように感じている。彼女の夫が不能になると、この無能力の責任を夫にかぶせようとしはじめる。「わたしは性行為をしたいのに、彼に能力がない。彼は本当の男じゃない」。このように男性が何回も非難や屈辱的な評価を受けていると、しまいに彼の不能のもとの原因が妻の不感症にあることを忘れて、彼自身だけのせいにするようになる。

だんだんに妻は夫を憎むようになり、彼女の満たされない性本能はその出口を彼にむかってサディスティックにふるまうことに見出す。ばかげた口実からがみがみいったり、泣くのわめくの大さわぎが日常のこととなる。妻が夫を傷つけたい気もちは、夫の財政的な地位にまでおよび、彼女は浪費家となる。彼女は自分にこういう、「彼はほかにわたしにくれるものはない。少なくとも彼に払わせることはできる」

妻の不感症から夫が不能になったような場合に初期のうち、または後になってから、どのような助けがありえるだろうか？

新しく結婚した夫による忍耐と親切と知性が、妻の罪と恥のコンプレックスを克服できる。はじめのうちは彼女は性的欲求や行為にさらされるといつもこういったコンプレックスで圧倒されてしまうものだ。彼は彼女にこういった欲求が卑しむべきものではなくて、自然なものであること、愛情がふかく育つにつれてより美しく育つものであるということを教えるべきだ。彼女の肉体的な愛情の抑圧をとりのぞくことに成功しないうちは、どんな男性も彼女をものにしようとしてはならない。その気になっていない女性に対して、やさしい愛撫で刺激することもしないで、むかっていくことは暴行だ——ばかな野蛮行為は感受性全部の死を招くにちがいない。

もし不感症の女性の夫がだんだんに妻の敵意と不健康な態度をとりのぞくことに成功するなら、それによって、不感症から解放してやったことになる。しかし解放されたがらない女性もいる。それでもやはり解放されたいと望むことがぜったいに必要だ。彼女は正直に性に対して態度をあらため、自分の抑圧をすて去るよう努めなくてはならない。これは自分自身のためであると同時に、夫への愛のためにもなすべきだ。この態度の変化はいろいろな方法で達成できる。

曲がった棒をまっすぐにするためには、強制的に反対側へ曲げなければならない。同じように、不感症の女性は、官能的な空想、性愛を扱った本、ヌード写真をみたり、ダンスや運動競技へ行くなどして、性に対する態度を変えるのを助けられる。このように性を刺激する手段は、はじめのうちは、表面的には期待のと反対の効果をうむだろう、すなわち嫌悪と反感を。だが無意識の心にまかれた種は最後には実を結ぶだろう。すぐに、たぶん二、三週間のうちに、性的なことについて新しい関心がでてくるだろう。

性交中は女性は全注意をその行為に集中しなければならない。膣内の接触と動作のすべてに注意をはらい、感覚したことすべてを自覚するよう努めなければならない。これは局部の感覚を訓練することになる。二、三回後には女性は欲求の感じを経験し、ヴァギナはしめってくるだろう。あるいは、もっと正確にいうと、彼女のヴァギナがしめってきて、性的欲求の前ぶれの感じがしてくる。これは抑圧のない性的満足の達成への第一歩である。

適当な食事は計画的につづければ、性的能力を高めるだろう。豚肉、鹿肉、カキ、魚、ある種の緑色野菜は刺激する効果があり、他方では脂肪を形成するような食物は反対の結果を与えると信じられている。

性的興奮をおこさせるための人工的な手段はどれも、いま問題にしている困難を永久的に解決するものとしては、きわめて不満足なものだ。それらのひきおこすつかのまの興奮のあとにくるのは、消耗だ。このような薬物は性的能力を弱めてしまう。

タバコでさえも能力に有害な影響を与える。ヘビー・スモーカーは女性でも男性でも非常にしばしば性的に不満足だ。アルコールは、もし少量なら、抑制をとりさり能力を刺激するだけだが、そうでなければ他の人工的な刺激物と同じくらい性的能力を損なう。

女性の不感症を考察してきたが、こんどはこのこわれた結婚関係のパートナー、妻の不感症のせいで不能になってしまった夫について考えてみよう。彼の健康をとりもどすために何ができるか？

彼の進むべき道がひとつだけある。彼はただちに性交のこころみを抑制しなければならない。そして、もし少しでも可能性があるなら、一時的に妻からの別居を主張すべきだ。

数週間の禁欲は彼の性的電圧を高めるだろう、しかし子どもみたいにマスタベーションの習慣にもどることを避けなければならないが、これは多くの男がなかなか完全に脱け出すことができないものだ。

別居期間中に、不能の夫は新しい交際仲間をさがすべきだ、というのは不能と不感症の原因はしばしば人生に対する自己中心的な態度に基づいているからだ。だから最初の行動原理は自分自身のエゴから抜け出ること、自分自身についてくよくよするのをやめること、愛情をもっと感じて、別居中の妻の幸福を考えてやることだ。

別居期間が終わりにちかづいてきたら、不能を恐れる心を無視し、そんなことはどうでもよいという態度をとることだ。アルフレッド・アドラーがいっているように、「何も期待するな、なぜならあまり期待することが不確実性を生むから」。自らの勇気をたかめ、以前の自分や妻の非難は忘れるべきだ。事実彼の最善策は自分自身も、ことがら全体も、あまり深刻にかんがえすぎないようにすることだ。

最終的に夫と妻が再会するときは、ともかく、ふたりが時間を気にしないでいられるように配慮するべきだ。彼らは自由にできる時間をたっぷりもつべきだ。そうでないと時の経過の意識が恐怖による麻痺的感覚をひきおこすかもしれない。この最初の出会いで、再会のよろこびを損なうような性行為を試みることはしないと約束することは、ときには奇跡をおこすだろう。このような保証は安心できる雰囲気をうみだす。多くの男たちに特徴的なことは、彼らが妻を所有することを禁じられているときか、接近を望まれていないときにだけ性欲を感じることができ能力を示すことができることだ。というわけで、女性もまた性的満足を望んでいると知ることは、恐怖や罪の意識の強迫観念をひきおこして、ひょっとしたら不能になるだろう。いかなることがあろうとも、妻が優しさと愛撫で性的興奮の状態にならないうちは性行為はなされるべきではない。男性がただちに能力をとりもどせなくても恥じる必要はない。

ここで注意するべきことは、男性だけが性的無能力を恥じるが、反対に、女性は不感症の方が正常な姉妹たちよりある種の道徳的優越性をもっていると信じる傾向がある。しかもこのような苦労が不幸であることを直観的に感じていながらだ。なぜか?

女性は無意識的に男性が彼女の不感症を克服してくれることを期待している。多くの女性は強姦される夢をもっている。強姦する男にはたいていの女性が非常に強くもとめている強さと男らしさがあるので、そのことをおもっただけで官能的興奮がおこる。

十分な愛情で女性の抵抗を巧みにつきくずすこと、一方で怖がらせない男らしいやり方で彼女の性的欲求をめざめさせること、が愛をかわす技術の最初のもっとも重要な第一歩だ。これは基本的な原則で何度くりかえしても、くりかえしすぎることはない。多くのとり返しのつかない失敗はこの領域でおかされる。

結婚して何年か後に、何人の男が妻に対して伊達男の役を演じようとおもうだろうか？　何人が求愛のために、彼女らに花をあげたり、彼女らをよろこばせるために美しく登場することを思いだすだろう？　一方、どれだけ多くの女が古い服を着て、髪にくしもいれずに、親友にすら見せたくないようなみすぼらしいなりで、朝食にあらわれることか！　こんなふたりがたがいにエロティックな興奮をひきおこすことが期待できようか？

自分の家でリラックスできるというのは気楽なことだ。しかしこの気楽さが、まちがって使われたり理解されたりすると、危険である。それはしばしば愛の高みから無関心の深みへの下降の最初の一歩となる。

もちろん、ふたりともたがいに絶え間ない緊張と集中の状態で生活することを期待されるわけにはいかない。しばらくおたがいを見あきたなら、社会的生活を楽しんだらいかがでしょう？　どんなことでも、あきあきする単調さよりはましだ。愛がながく生きのびられないひとつの状況は退屈だ。

もしパートナーの片方だけがこれらの治療の提案によろこんでしたがい、もう一方がそれを拒むと、困難が生じる。そのときは忍耐がただひとつの治療法だ。パートナーのひとりが結婚生活に対してもっとかしこい態度をとるなら、やがて、ふつうはもう片方にも影響するものだ。ただしその変化が一時の気まぐれであって、すぐに昔の口うるさい非難にもどることがあってはならない。

いくつかの場合では女性が夫の性的なアプローチだけでなく、前ぶれのキスと愛撫さえも拒んでいる。女性の側のこのような態度はときとして深刻な情緒的損傷かあるいは幻滅が原因である。もしこれが原因であるなら、まだ不幸のみなもとを除く機会はある。たとえば、夫にひんぱんに性的興奮の状態につれていかれながら、不満足で幻滅したままとりのこされる女性は、彼の愛撫を恐れるようになり、ついには断固として拒むようになるだろう。この愛撫の拒絶は同時にその男自身を拒絶していることになる。もし妻をコンプレックスから解放し夫を不能から解放することができて、愛撫の前奏が望まれた自然な結合へとつづけば、(六カ条にしたがって)、新しい生活が彼らの愛情の残り火から現れるだろう。

結婚を救うためにあらゆることが試されるべきだ。これは子どもがいる場合はとくに真実だ。なぜなら両親が離婚したときに子どもたちは必ずはげしい心理的ショックをこうむるからだ。

不能の男性はしばしばなんらかの女性的傾向をしめす。このような男性の才能は芸術的な方面にそそがれがちだ。彼らは鮮かな想像力をもち、人生に現実的な態度をとることが欠けていることが多い。彼らは精神的にも肉体的にも繊細で傷つきやすい。ちょっとしたつまづきにも落ちこんでしまう。このような男性が性生活もまた感情の動揺に影響されるのは当然だ。

非常にしばしばこのタイプの男性はひとり息子か末っ子で、母親の甘やかしでだめにされたのだ。彼はいちども人生の苦難に面と向かったことがない。このように育った子どもが満足な夫になることはまれである。なぜなら彼らのほしいのは妻ではなく母親なのだから。彼らは多くを要求し少ししか返さない。しかし性に対する女性の無知が不能をおこさせることもあるし、彼女の相手に対しての態度が結婚の幸福のカギなのだから、不能の男の妻は男の神経症をいくらかでも理解するようベストをつくすことが最も重要である。

このような結婚の悲劇がはじまるのは、夫の性格によって妻が性関係における積極的役割を演じなくてはならなくなるのだが、そのことを拒否するときからである。受身でありたい、女らしくありたい、という要求にすっかり負けてしまい、直観的に彼女は彼がその欲求を満たすことができないとさとる。すると突然彼女はあからさまに軽蔑と失望をしめして反発する。十中八九まで彼女がこのタイプの男をえらんだ理由は、彼女自身の体質に男性的要求がつよくあらわれていたからにちがいない。だが、どの女性の人生でも、女としての性的要求にもどる時期がくりかえしある。このようなとき彼女が夫の運命を決定してしまう。彼の過敏症の性質がただちに彼女の軽蔑に反応するからだ。ペニスはまるでそれ自身の意識をもっているかのように、彼女の態度に不能でこたえる。なぜなら、どんなに強くその男の心が彼女をまだ望んでいようと、どれだけ、彼自身が、この性器の「ストライキ」で苦しもうとかかわりなく、愛されないペニスは妻を拒むだろう。

こういうことが起こったとき妻が夫を忍耐と優しさと理解で助けるべきだというような治療法の提案はすべてむだだ。男性の性器の局部を愛撫することさえも、その男性が妻はほんとうに感情的に愛してくれると感じなければ求める結果は生みだせない。彼の本能は、これらの努力は愛情の命じたものではないと告げる。妻が彼の勃起をいそがせていること、彼女が支配的立場にあること、それらは性の神経に対して抑制的な影響がある。

過敏症の男が妻によって傷つけられ気にさわるごとに、彼は自分のいたらなさのために彼女に嫌われるという恐れに苦しむ。彼女がいらいらを示せば示すほど、彼の不能はひどくなる。結果として、彼の性の欲求によっておこされていた力は正常な出口をみつけられなくなる。それはわれわれが抑圧とよぶ逆流をつくることに使いつくされる。これらの相反する力はおたがいにたたかいあって、ついには自動的に結晶して神経症となり、それが外にあらわれたかたちがインポテンスである。

このような結婚が不幸から救われるためには、能力に破滅的な効果を及ぼすようなまちがった関係は、いかなる犠牲を払ってでも断たれるべきだ。ときには、コンプレックスが治療の施されるまえにすでに深く根づいてしまって、理解と精神的な努力ではとりのぞけないことがある。このような場合、コンプレックスをふかめるようなできごとをすべて避けることが、そのうちに、有益な結果を得ることになる。この時期には性交の試みは避けなければならない。すでに述べたように、夫と妻はかなり長期間の別居をするべきだ。その間、妻は、夫の不能をよびおこすことになったこれらの失敗を、二度とくり返すことがないように教育されるべきである。

不能と不感症のもうひとつの重要な原因は妊娠の恐れだ。この恐れが多くのひとたちにさまざまの避妊の手段（そのうちのいくつかは性的抑圧をまねく）を求めさせる。

読者は前章で述べてきたことを思いだしていただきたい。もし注意ぶかく従がうなら、結婚したカップルは妊娠の恐れにうまく対処できるはずだ。

第九章　愛の選択――その原則とおとし穴

この章全体は多かれ少なかれ仮説的なことが述べられる。それでもやはり、この数年間で、その仮説の多くが科学的な発見に支えられて受け入れられるようになってきているし、わたしは数年のうちにはこの理論がさらにしっかりした基盤上に立つようになるだろうと確信している。

愛と性との関係とは何か？　このような関係が不変に存在するのだろうか？　性の引力が、愛なのだろうか？　もしちがうなら、それでは愛とは何か？

性と愛はそれぞれ別々にあるようにおもえる。われわれは性交の望みを抱かないで人を愛することができる。母親は性の欲求なしで子どもを情熱的に愛することができる。他方では、強く性的に魅かれながら、愛しあっていない多くのカップルがいる。彼らは性の欲求が満たされると、おたがいに無関心になったり、うんざりしさえするだろう。

それから、未婚女性がイヌに愛情のありったけを与えていた場合がある。そして彼女は今度は彼女の亡くなった姉の赤ん坊を世話することになった。それ以後は彼女の愛する能力のすべてを子どもに集中した。ある日彼女はマーケットに行った。家に帰ってみると赤ん坊はイヌにかまれて死んでいた。女主人の愛を失ったイヌの死にもの狂いのしっとだった。しかしこの愛は性的魅力とはなんの関係もない。

乳児の最初の一年の行動はたいへん示唆的だ。ある子どもはミルクを得ても休みなく泣くだろう。でも母親がこのような子どもを腕に抱いてやるなら、ただちにその子はおちついてふかい満足の表情が顔中に広がるだろう。

あるいは、ほとんどサディスティックなやりかたで母親を痛めつける三歳の少年がいる。この横暴な、破壊的な、泣き叫ぶ子どもは母親をひどくいらだたせ、彼女は自制心を失って彼をぶつ。彼女はこの子をあつかう唯一の方法が愛情を与えることであるのを知らない。彼は彼女の愛を失う。たぶん彼女は彼をほったらかしてきたか、それとも十分にやさしくしてやらなかったのだろう。彼女はいそがしすぎて、短気すぎた。もし、彼女が彼をひざの上にのせて、愛撫し、抱きしめ、キスしてやったなら、この小さい悪魔はすぐにも天使に変わっただろうに。彼の悪さのうしろに、たぶん兄弟姉妹へのしっとで大きくなった満たされない愛情の欲求がある。心理学者や牧師が監獄で罪人と話してたびたび驚くのは、たとえどんな非情な悪人でも同情と理解とを保証されるなら、なんと協調的になるかということだ。しばしば幼少期における母親の愛情の欠除が子どもを強情にしたり敵意をもたせたりする。それから愛情への満たされない要求が憎しみに変わる。はじめは母親を憎み、そして社会を憎むようになる。愛するひともなく愛されるひともいないひとほど、みじめで、あわれなひとはいない。

しかしここで話しているのは性の欲求とは別の愛だ。

つまり、愛情は性とはまたちがうみなもとがある。しかしそのふたつはときにはであい混ざることがしばしばある、ということだ。

それでは愛はどこから出てくるのか?

前に述べてきたように、彼または彼女が魅力的で、美しく、知性があり正直だというような理由で愛している、といっても愛の本当の理由はぜんぜん言えていないようだ。美しい少女や美男子のすべてがすべての人に愛されるわけではない。かしこい教師のすべてがすべての生徒に愛されるわけではない。信頼できる、道徳的なひとがすべて賞賛者から愛されるわけではない。賞賛はわれわれの意味では愛とはちがう。ひとは立派なあるいは尊敬すべきひとを賞賛することができる。その一方で愛はより魅力のない、より美しくない、より知性のない、より正直でない、だれかに行くのだ。なぜか？

われわれはこのことを不思議におもってきた。そして、これまでのところ、答えはみつかっていない。ただわかるのはこの最愛のひとのそばにいると幸せだということだ。そのときだけわたしたちはやすらぎをえる。わたしたちは彼または彼女と永遠に暮らしたいとおもう。この引力のうしろに何があるのか知らない。われわれはこの圧倒的な感情のわき上がるのを予想することはできない。それどころかどのように発展しどれくらいで終わるのかも確かではない。そして、ある日、思いがけなく、もっと情熱的な愛がめばえて、彼または彼女にどの点においても本質的な変化があったわけでもないのに、前の恋人はやっかい者で負担になる。結果としてわれわれは自分の感情を信用できないと決めてしまう。われわれは自分の人生には安定がないと思う。われわれは予測できない感情の犠牲者だ。

このような場合、われわれの道徳律はえらんだ相手ととどまるように促すと仮定しよう。そこで、われわれは心を乱され不幸にも、意志の力をふりしぼって、もうひとりに対する愛情と欲望を、抑えなければならない。人格はわれわれが不誠実になることを救ってくれるが感情から守ることはできない。

若い女性からのこんな手紙がある。

「親愛なる博士。

二日前にある若い男性がわたしに求婚しました。彼はいいひとでわたしは彼が好きです。結局わたしは『はい』といいました。でもきょうの朝『わたしは本当に彼を愛しているのかしら?』と迷いながら目覚めました。永遠に彼にしばりつけられるという考えがこわかったのです。わたしは婚約を破棄したほうがよいと決心しました。

もういちど彼にあった夜に、この考えは確認されました。ちょっとした恋愛遊戯と結婚はぜんぜんちがうものです。まわりに人がいて彼に言うべき時ではなかったので、後にのばすことにしました。たぶんそれがまちがいだったのです! 彼はその晩ずっと信じられないくらい幸せでした。彼はわたしたちがまるでもう結婚しているかのように、わたしたちの将来の計画なんかについて、話しました。彼はまるでちがうひとのようにみえました。それで、婚約をやめるかわりに、わたしもまたわたしたちの結婚の計画をたてはじめたのです。わたしたちは少し飲んでいました。そしてわたしは上気嫌で家に帰りました。いまわたしは以前よりも疑っています。苦痛です! わたしのどこがまちがっているのでしょう? わたしの感情のこの浮き沈みはなぜなのでしょう? なぜわたしは彼を愛しているかどうか確かめられないのでしょう? 彼と結婚するべきでしょうか、どうでしょうか? 苦しみのなかからおたずねします。わたしはどうしたらいいのでしょう?

敬具

H・H」

この女性の訴えは新しいものではない。愛の不安定なこと、強さにいろいろあること、時とともに変わる可能性についてだれもが知っている。服を選んだり、あとでその手入れをしたりすることについては、若い女性はよく訓練されている。彼女たちはあれこれの材料から期待すべきものを知っている。どんな形や色がいいかとか、どれくらいもつとか。しかし夫を選ぶことについてはそれほどできない。

なぜか？　何よりも先に、多くの女性は恋愛をもとめているから。かんたんにいえば、だれか特定の男というよりは、恋に恋しているのだ。そして恋に恋することで少女は愛を提供しようという男に傾くことになる。彼女は彼と親密な関係となるだろう。結婚しないでおけば、避けようのない結果は、幻滅、と、それにつづく自責と後悔だ。しかし彼女がこの男と結婚するとしよう。結婚式は遅かれ早かれ彼女の心におこる本当に彼を愛しているのかという疑いを消すことはない。

この少女のように経験のない人間の場合は、その興奮の大部分はパーティの雰囲気や、ダンスや、そばにいた男のおせじのせいであるかもしれない。このようにして彼女は彼女の内に起こった生気と緊張の原因を誤解して、めざめさせられた性の欲求がその特別な環境のせいではなく、その若い男によってもたらされたのだと信じてしまう。次の日その情況はもはや存在せず、それにむすびついていた男はもはや彼女にまったく生気を起こさせない。彼女は失望し、なぜこの男を愛していたのだかわからなくなる。

この移り気の理由を発見するには愛情の一番深い根っこまでいかなければならない。

この点について自分自身にたずねてみる。文学や神学、哲学や心理学でもっともよく議論されるこの主題について、なにか新しいことがいわれていないか？　愛について無数の本が書かれ、可能なかぎり異なった角度からみてきたのではないか。

愛についての古い文句や考えをくりかえして、読者の時間をむだにしたくはない。たとえそれがどんなに新しい形でいわれようとも。しかしこの事実には注意してください。三つの重要な科学の部門——化学、生物学と物理学——は、今までのところ、愛の問題をほとんど扱っていない。それでも、それらの助けで、一歩前へふみ出せる、そしてその質問に答えられると。愛とは何か？

この答が得られれば、例の手紙を書いたような少女に感情生活をよりよくわからせることで、一時的な魅力と愛情とを取りちがえるようなことをさせないですむはずだ。彼女はそのとき正しい相手を選んで結婚の安定をかちとるまともな機会をもつことができる。

新しい道によって愛の領域に接近することが可能と信じるのはずうずうしいといわれるにちがいない、ことはわかっている。愛、それは「地図の上の広大な白い点」である（オリバー・ウェンデル・ホウムズ）。フロイトのいうには、「本当にわれわれは愛についてまったく知ってはいない」。さもなければテオドル・ライクは、愛についての最近の本に、こう書いている。「もっとも話され書かれながら謎のままである題材。この地球のどこでもいつでも経験され、しかもなお知られていない」

しかしこの著者のように愛を「知られていない精神的力《サイキックパワー》（精神的《サイキック》というのは魂《プシュケ》というか、個人の感情的側面をさす）として、その源はまだ発見されていないし、その性格もまだわからないもの」として見るかぎり、愛はいつまでも見つからないままでいるにちがいない。なぜなら愛は部分的に肉体的なものであり、ぜんぶが心から生まれるわけではない。

精神的現象と肉体的現象が、哲学で「心身並行論」とよぶように、同時に起こるということがあるはずだとは、だれでもおもっている。

すべての感覚と情緒的反応には、それぞれに相互的関係にある血管の対応する複雑な動きがともなう。どの感覚も、どの感情も、最終的には脈にあらわれるか、または頰の色にみられる。アドレナリンまたはモルヒネの使用によって、この血管の筋肉の反応がやむと、感覚と情緒的反応もまた消える。ハブロック・エリスによると、「自分で脈が速くならないように調節できる人間は、何も感じず、苦しむこともない」。

「よろこび、愛、エネルギー、憤り、自尊心——これらのすべては、感情とみなされているが、われわれのからだの中の血液分布の変化にほかならない」——アンジェロ・モッソの言葉から。

「われわれの感覚に対する印象が、個体の活動を刺激する力をもたないとしたら、われわれは情緒的無感動のうちに一生をすごすだろう」——コペンハーゲンのランゲ教授。

それでは、どうか、このことを心にとめておいてください。情緒的にはリラックスしていながらわれわれのからだの細胞が活動していればいるほど、われわれはより生き生きとして、より満足と幸福を感じている（リラックスのない緊張の持続は恐れをうみだす。恐れは幸福へのすべての道をふさぐ）。

あらゆる愛の感情の土台は、それが精神的であろうと肉体的であろうと、喜びである（「喜びと悲しみは愛と憎しみと共にある」——スピノザ）。よろこびの期待、あるいは以前経験したよろこびの記憶さえ、われわれの内に愛の感情をうみだすことができる。このよろこびは人間、無生物、あるいは観念によってさえ、もたらされる。

ウィルヘルム・エルサレム教授によると、人間には四つの喜びの源がある。

(1)　感覚的よろこび、これは感覚器を通じて受けとられる（たとえば、絵画、音楽、花の香り、などへの反応）。

(2)　知的よろこび、これは豊富な思想や考えに現われる。

(3)　空想のよろこび、これは外部の世界と関係なく、感情をうみだしたり、空想的体験や白日夢をみたりすることだ。

(4)　情緒的よろこび、興奮によってうみだされる、高い賭金でのギャンブル、危険なスポーツ、など。

この四つのみなもとのどれか、またはぜんぶからのよろこびは最終的には緊張からのリラックスをもたらす。これらのよろこびはすべて感覚的、知的、そして精神的なみなもとからひきだされ、直接性的なみなもとからではない。

われわれの神経節細胞の緊張と弛緩の活動は知覚の領域に楽しみを与える、ちょうどそれは性の領域での緊張と弛緩と同じだ。この緊張からの弛緩を期待することだけで、欲求が満足するまえにすでに、気もちよくおもってしまう。

緊張と弛緩が生気、エネルギー、充電をもたらすメカニズムである。それが生命のリズムだ。よく発達した脳細胞をもった人間はだれでも感覚的栄養物が必要だ。われわれの感覚が発達すればするほど、弛緩したときにわれわれの脳細胞が多くを放射する。そしてその結果としてより多くの生体電気がわれわれの神経を流れる。よく発達した筋肉細胞の持ち主はだれでも手仕事やスポーツをリラックスのために必要とする。

緊張からの弛緩要求がすべての種類の愛の主なみなもとといえる。

ソクラテスがプラトンの『饗宴』でいっている。「われわれが要求するものすべてが愛である」。われわれは要求を満たしてくれそうな能力をもった気の合うひとを愛する。われわれはめんどうをみてくれる両親を愛する。われわれは知的成熟を達成するのを手伝ってくれる教育者や指導者を愛する。しかしまたわれわれの性器の緊張から十分なリラックスをもたらしてくれるひとを愛する（精子であふれそうになった睾丸、またはヴァギナのバルトリニ腺）。このような愛情が性のよろこびと結びつくならば、その起源は性的だといってよい。われわれはこれらのひとぜんぶを必要とするかぎり愛する。われわれを満足させる力を失ったとき、われわれは彼に興味を失う。たぶん感謝の意識、あるいは過去の記憶が、われわれを彼に近づけておくかもしれない。しかしこのような愛着は魅力というよりはむしろ義務から生ずる。

わたしはこのことをわたし自身の経験から説明してみようとおもう。わたしが一二歳の少年のとき、春休みをすごすためイタリアへ、おじと彼のふたりの友人といっしょに行った。

著名な画家であったわたしのおじは、フィレンツェで、毎朝、わたしを世界でも有名な画廊のひとつにつれていき、ラファエロやティツィアーノの名画の前にすわらせ、その作品の着想や意味を説明した。それから彼はわたしをひとりで勉強しろといって、行ってしまうのだった。彼がもどってくる頃には、わたしは目をとじていてもその細部ぜんぶをいえるぐらい完全にその絵を知っていなくてはならなかった。彼は毎日ちがう絵をえらんだ。はじめのうちは絵をよく見るのに一時間以上もかかった。しかし終わりの頃は五分間で見ることができた。その頃にはその練習はめんどうな仕事ではなくなって、熱狂的なよろこびのもとに変わっていた。

午後には、彼の友人のひとりで、作曲家のジュール・マスネがピアノを弾いているあいだ彼の横にわたしをすわらせ、彼が音楽を通して何を表わそうとしたかを説明してくれた。そして夕方にはもうひとりの友人、ピエール・ロティが彼の詩を大声でよんで、議論するあいだ、そこにいることが許された。

それは、わたしがおもうに、三人のおとなが小さな少年に対してできるもっとも親切でもっとも賢いことのひとつだった。もしもっと多くのおとなたちが子どもの感覚をこのような方法で、五つの感覚を等しく訓練して発達させるのに骨おりをおしまないなら、子どもたちはもっと開発された高い段階で人生を楽しむことのできる素養が与えられるだろう。若い人たちは、こんなふうにしつけられれば、「たのしい時をすごす」ためにぶらぶらしたり、「時間をつぶす」ためのギャンブル、酒と軽薄な性的遊戯、といった破壊的なものは、もっと知的で文明的な楽しみの代用品としては極端に不満足なものだとおもうようになるだろう。

同様に重要なことは、より文化的な楽しみは人を生き生きとさせ、ひとびとやものに対する興味の範囲を広げるという事実だ。それらは彼がより高い社会的、倫理的レベル——人間の幸福のためにどんな物質的利益よりもたいせつなもの——に達する手助けをしてくれる。

わたしのイタリアでの経験より前に、父が一度ウィーン・オペラ・ハウスでのヴェルディの『アイーダ』をききにつれていってくれたことがある。わたしはその舞台の衣裳や活気に深く感動した。だが音楽自体はほとんど感銘をのこさなかった。わたしは美術館を訪れたことを思いだせるが、それはずいぶん退屈だった。しかしイタリーの後での何という変化！　わたしは昔の巨匠による絵画、音楽と詩への情熱的な愛を身につけていた。何がわたしを変えたのか？　わたしの感覚の潜在能力がめざめさせられたのだ。感覚器の神経節細胞が体系的な訓練によって発達させられたのだ。このことによってわたしの全心身が生気を与えられ、わたしをたいへん幸福にした。わたしの開発された感覚細胞の緊張はわたしを、日曜ごとに、美術館へと運んだ。わたしはますます興味をもって交響曲をきいた。わたしは頰を喜びで紅潮させて良い本を開いた。もし長いこと芸術に接しられなかったなら、わたしの感覚細胞の高まりゆく緊張はわたしにリラックスを求めさせた。すなわち、芸術にひたること。わたしがうまく生きるためには芸術が必要だった。

しかしわたしはよい絵画、音楽や文学、を愛するだけでなく、このような幸福をもたらすみなもとをひらいてくれた三人、おじ、マスネとピエール・ロティをも愛した。彼らはわたしの人生を豊かにしてくれた。だからわたしは彼らに魅力を感じ、無意識に彼らの存在によってこの幸せがつづくことを期待していた。

何年か後におじは白内障を患って、絵をかくにも十分にははっきりみえなくなり、わたしにもう何も教えることができなくなった。わたしはそれでも彼を訪れた。しかし打ち明けるのは恥ずかしいが、それは義務でやったことだ。わたしは彼に興味を失ってしまった。わたしが今彼に感じているのは愛ではなく、哀れみだ。

もし自分をあざむかずに、われわれ自身を分析するならこう認めるだろう。われわれがひとに魅力を感じるのは、たいていそのひとを必要としているか、または前に述べたように、かつて緊張からリラックスをもたらしてくれて、またそういうことが可能なのだと記憶にのこっているひとなのだ。

ひとがかつて幸福に暮らしたその土地を愛するように、幸福な記憶につながる人たちを愛するのだ。他方では、ひとびとは嘆きや悲しみのおもいにむすびつく場所、もの、ひとを避けようとする。人は若い頃に重要な役を演じたことがらや人を忘れるかもしれない。しかし印象は、一度かたちづくられると、決して完全に消え去ることはない。それは決して捨てられることなく、暗い無意識の貯蔵庫になおも存在している。そしてそこから、いかなる瞬間にでも、かつて経験し、長いあいだ忘れていた楽しみをくり返したい欲求が、わきあがってくる。

すると批判の声があがって「愛は愛される側に有用性があることに基づくというあなたの理論には

ぬけ穴がある。役に立ってあげられるから愛するという人たちを勘定に入れていない。子どもを世話して愛する献身的な看護婦や、主人を愛する従者、全生命をささげて望みのない中風患者を愛するベテランの看護婦、を考えてみなさい」

たぶんこの「ぬけ穴」はとじることができるだろう。愛が人間の有用性に基づくというわれわれの理論は、役に立ってあげたいから愛するというひとびとがいるという事実にちょっと反しているようにみえる。たしかにこんなひとたちはいる。たいていは子どものときに、両親か教師かが慈善の慣行を計画的に教育し、受けとるより与えるほうが満足する行為だとおもうような成熟した態度を教えこんだ結果だ。そのように訓練された子どもは、他のひとが何を感じているかを生き生きと想像する力を発達させ、そしてついには芸術家において感覚細胞が為すのと同じように、彼の神経細胞組織のこの部分が、活発にはたらくようになる。この発達は結果として緊張を生み、そしてこの緊張がそのひとにリラックスをさがすようにかりたてる。ベテランの看護婦の関心は、助けたい衝動のまわりに集中している。このようなひとは患者を必要としている。彼女自身の満足のために、奉仕する相手として。彼女の能力を行使することは彼女の神経組織の特別に発達した場所の緊張をゆるめる。彼女は仕事と患者の両方を愛している（ときには無意識的に感謝を期待しつつ）。

看護をあきらかに天職とする女の人、あるいは若い頃から職業としてよく訓練された人は、看護することで欲求を満たすことができないと、彼女の人生は無用で、むなしいものに思う。

母性的本能は母親に同じような要求をつくる、彼女がそれを欲しようと欲しまいと。子どもへの義務を怠る母親は意気消沈と罪悪感をおぼえる。そして子どもが彼女を不幸にするので、子どもを憎みはじめるかもしれない――これはすべては、彼女が強く発達した自然の本能のさしせまった要求を満足させなかったからだ。正常な女性ならだれもが母性本能をつかさどる細胞の緊張を解放するために、彼女が役に立つことができる子どもを必要としている。このような理由で彼女はリラックスをもたらしてくれる子どもを愛する。

「すべての愛情の基本は、それが知的、精神的または肉欲的のどれであろうと、よろこびである」――それがわれわれの仮定だった。よろこびは緊張から弛緩へのあいだで経験される。どの細胞群でこの弛緩が行なわれるかということは重要ではない。もしそれが性器で起こるなら、それをもたらしたひとへの愛を、前にいったように、肉体的愛というだろう。もし知的な領域で起こるなら、その満足を与えてくれたひとに感じる魅力を「精神的」なものとおもう。また風景、花や歌の美しさに強い感動をうけて愛情を起こさせられる。われわれを生き生きさせてくれる限りはわれわれはそれらを感受する。なぜならわれわれの細胞の能力を開発して人生を豊かにしてくれるのがこの交替ごっこなのだから。それゆえよろこびは弛緩と同じく緊張とも連想されている。ただしこの緊張は楽しい心の反応と連想されていなくてはならない。たとえば、スポーツ競技の観客は彼のチームが勝利へ近づくにつれて熱狂的に幸福と緊張感を味わうだろう。もし緊張が長くつづきすぎたり、負けるとかほかに不愉快なこととむすびつくなら、そのときは、もちろん、不愉快になり、破壊的にさえなるかもしれない。

「精神的」愛は、それが細胞機構の肉体的変化、緊張と弛緩の相互作用、によって起こるかぎりでは、部分的に肉体的といってもよいだろう。

愛は緊張からの弛緩の機構と深く関わっているということを納得させるのに、精神分析治療でおこる事実ほど良い例はない。どの精神分析家も確認するように、治療の成功を大きく左右するのは、医者と患者のあいだに、いわゆる「転移」という状態をうまく発展させることができるかどうかということである。その分析医が何歳で外観と性格がどれくらい魅力がないかといったこととは関係なく、治療のある段階で患者が彼または彼女に恋するという一般的法則がある――性は重要ではない。

フロイトとフロイト派のひとたちはこのように引きつけられることは子どもの頃の状況のくりかえしだと見る。父か母に対する子どもの愛。分析医は子どもの最初の愛の対象の役目をする。または少なくとも、もとめたが失った父か母の愛のみなもとを代表する。それが、分析医に対して患者の感じる魅力が「転移」といわれる理由だ。分析医と神経症患者とのこのきずなを治療的に利用することが分析医の義務である。

「転移」は成功した精神分析的治療のほとんどどれにも起こっている、そして愛のきざしはたとえ何も共通点のないふたりのパートナーでも、いくつかの場合は結婚までいくような情熱的な性質にまでなることがある。

ふつうの愛情関係ではパートナーの選択は魅力のいろいろな要素に影響される、外観、性格、特性など。しかし精神分析の状況では愛はそれらに影響されない。この感情の発展はたとえ前もって患者が知っていようと、自分にこう言おうと妨げにはならない。「二、三日のうちにわたしはわたしのうしろにいるこのひどい顔をしたやつに深く恋するだろう。そうでないとわたしの治療は成功しないのだ」

「転移」とむすびついている感情を分析してみると、それと愛を区別する権利がわれわれにあるのかどうか疑わしくなってくる。それは愛だ、なぜなら緊張からの弛緩、という同じ原理に基づいているからだ。神経症の人は子どもの頃から情緒的生活においてなにかのとどこおりがあって苦しんできた。彼の苦しみは意識と無意識の分離をもたらした。神経症患者の人格のこの裂け目は、彼のからだの耐えがたい緊張とむすびついている。精神分析家によって患者のなかのふたつの力のあいだの連絡がうまくいくようになる――段階ごとに、緊張からの深い弛緩がともなう。患者はまるで生まれかわったように感じる、非常に幸福で、すごくリラックスしている。これの結果は愛だ――このリラックスをもたらした人に対しての愛。

この愛が、理想化された父や母のイメージに対する「転移」の愛でないことは、患者の愛し愛される両親が健在であって、幻滅する理由がない場合においてもこうなることで証明される。

患者が「転移」の時期に精神分析家にもつ愛情は本物だ。しかしそれは広い基盤を欠いているので本質的に一時的なものだ。分析家によって、だんだん、患者が病気の状態、神経症的閉塞から自由になるまでのあいだだけだ。

特徴的なことは、患者がもはや分析家を必要としなくなった時に患者がたいてい感じる「ありがためいわく」の感じで、患者はその愛を多かれ少なかれ恥ずかしいことにおもうようになる。これが起こると分析家は神経症的緊張からのリラックスがなしとげられたことを知る。だがもし患者が助けなしではやっていけないような神経症的特性がもどるなら、分析家への愛は、強力にもどってくる。だからわれわれは転移を愛の感情の一時的な原因として分類することができる。

他にも原因はあって、よく知られている「条件反射」の構造のせいで、不幸な結婚にいたることがある。この心身並行論の一章はわれわれすべての日常生活にとっておもしろくてためになる。

ロシアのノーベル賞受賞者、パブロフ教授は、反復によって得られたわれわれの脳細胞のあいだの一種の結びつきを、条件反射とよんだ。

条件反射についての研究活動はレニングラードの生理学研究所のパブロフ教授によってはじめられ、彼の弟子のロシア人の医者、イシュロンドスキーがひきつぎ、ベルリンのコホリート研究所と、のちにパリでおこなわれた。パブロフのよく知られている実験はこのような反射がどのように人工的にうみだされるかを示している。

これらの人工的反射は、すべての生きものが生まれつきもっている無条件反射とはちがう。だから、赤ん坊は顔になにか物体が近づくと、自動的に目をつぶる。教えられていないのにする行為だ。これが無条件反射だ。

もし腹をすかせたイヌが肉切れの匂いをかぐなら、そのイヌの消化腺は分泌液をだす。しかし、パブロフがみつけたのは、もしそのイヌが肉をいつも同じ皿で食べることに慣れていたら、ついにはからの皿を見るだけで腺を活動させるのに十分な刺激となるということだ。この実験からパブロフは、つながりのないふたつの神経節細胞のグループ、すなわち、視覚中枢と嗅覚中枢とを、人工的にむすびつけた。パブロフはこの人工的に脳内につくられた通路を条件反射と呼んだ。

彼の深遠な本『脱暗示、その意味と説明』でT・ティーツェンスは、まちがった連想——彼はそれを「パラソシエーション」とよんでいる——がどのようにしてまちがった態度をつくることになるかを述べている。

本能は生命を促進させるものを求め、傷つけるものをさけるように個体をうごかす。もしもコオロギが、ふつうは太陽を愛するが、地面の下深く暗い所に食べるものをみつけるなら、その本能的生活はひっくりかえって、光を避けるようになるだろう。このコオロギはこうして「パラソシエーション」を得るのだ。

もとは喜びを連想させた感覚が、パラソシエーションによって、不愉快なことを連想されるようになると、不愉快そのものとして経験されることになるかもしれない。逆に、もともと不愉快なものである感覚が、パラソシエーションによって、楽しいものになるかもしれない。

もしある不愉快な感情がいつもきまってある考えに伴なうなら、そのときひとは、意識的にか無意識にか、その不快と考えの対象を関係づけて、その対象に不愉快のまちがった原因を見る。このように不愉快が的をはずれて他のもののせいにされることがはっきり見られるのは、抑圧された怒りにみられる。それはひじょうにしばしばスケープゴートに対して爆発する。

パブロフとティーツェンスの興味深い研究は多くの知覚理論の出発点となり、そして科学的思考に新しい視点をみちびいた。

たとえば、彼らは性的抑制について説明して、恐怖と性的関心がいっしょになって条件反射をかたちづくるのだ、といった。そのような場合には性的衝動の電流が恐れによってそらされ、性器へ流れるかわりに、からだの他の器官へ入って、それらに病気の症状を起こすことさえする。またはもっとありふれた症状としては、ヒステリーに悩む女性の場合などがある。このような「条件反射」を発見する能力は、多くの人たちを誤った生活や、まちがった愛のパートナーを選ぶことから、まもるだろう。

想像上のコオロギのパラソシエーションの場合のような、人の福祉、健康と幸福にとって有害な条件反射の発達は、たびたび緊張からの十分な弛緩の可能性を妨げる。ある細胞群の一部分の弛緩は他の部分の緊張へとみちびく。特に遺伝で受けついだ本能が関係したときにこのことはおこる。

少女の道徳的感覚が彼女の性本能と同様に発達するとしよう。もしそのような人が自分の性本能の要求を満たしたなら、性衝動を刺激する部分の神経節細胞組織はリラックスするが、逆に、彼女のみたされない道徳的本能の要求は彼女を緊張させ苦しめるだろう。その逆もまた真である。

われわれはみな、おびただしい数のそういった条件反射（獲得した習慣）をもち、それがわれわれの無条件反射（祖先から受けついだ習慣）とむすびついている。

条件反射作用の特徴をわれわれの問題にあてはめるにあたって、次のような例を仮定してみよう。

ある若いカップルは、いつも夕方をともにすごすために、手をとりあって、ベンチにすわるのだった。彼らの前には花咲く野原が広がり教会の鐘が彼らに夕ぐれのあいさつをおくる。年はすぎて、人生は彼らを別にした。ある春の日に、その若い女性はちがう若い男性とたまたま同じ野原を歩いて通った。またもや教会の鐘がアンジェラスを鳴らした。若い女性は深く感動した。彼女はつれの手をにぎり、彼にキスをさせ抱擁させた。花、野原、教会の鐘と愛が彼女の内に条件反射としてむすびつけられていた。もしはじめの三つがあらわれるなら愛の反応をしてしまうのだ。

翌日この若い女性は自分自身が理解できなかった。彼女はきのうの若い男をぜんぜん愛していなかった。なぜ彼をそそのかせ、愛するようにしむけたのか？　この突然の気分はなぜ？　だが突然の気分ではないのだ。それは条件反射によってつくりだされた突然の緊張だ。彼女がこの条件反射を認めることができるようになったときはじめて彼女はその犠牲にならないよう自分自身をまもることができる。その反射作用を解消するのに必要なことは、数回連続して、突然の欲求に抵抗することだけだ。

愛の選択をするときに、これらすべての要因を考慮に入れておく必要がある。もうひとつ新しい要素を加えよう。非常に仮説的なものだが、もし正しいと証明されるなら、大きな値うちがあるものだ。

以前に論じたことだが、ふたりの人間のあいだでの魅きつけあいには重要な可能性がふたつある。性ホルモンのちがいと、生体電気のちがいだ。このちがいが大きいほど、ふたりのパートナーどうしは強く性的に魅かれる。この魅力はふつう性交を目的とし、それは自然の生殖への要求を満たすことになる。

魅力についてのもうひとつの可能な要素について今から述べる。からだの放射線が類似であること。科学界でこの主題を研究した数少ない先駆者たちは、多数の保守派たちによって笑いものにされてきた。とくに、カール・フォン・ライヘンバッハは、一八五四年の昔に、彼の著書『人間のからだの放射』で、人間はからだから電流を流出するだけでなく、だれもが独特の放射線をもっていることを証明しようとした。彼はこれらの放射線を「オドストラーレン」(オド線、またはオド)と呼んだ。

一九三九年、すなわちこの考察が出版されてから八五年たつまで、その筋の現代科学者たちは実験に基づく根拠をしつらえないできた。

ラジオ・マイクロスコープを使用することで、コロンビア大学のI・ラビ、B・カーシュとS・ミルマンたちが、ひとりのひとから他のひとにとどく目にみえない放射線の存在を、はじめて科学的に証明した。この実演は、一九三九年、一二月二九日、アメリカ学術会議において、自然のなかのすべての原子とすべての分子は不断のラジオ放送局であり、これらの放射線の波長の範囲は、現在用いられているもっとも長いものにまで至る、ということも証明した。これらの放射線の複雑性がほとんど考えられないくらいだということも一層はっきりしてきた。ひとつの分子が同時に百万の異なる波長を出せる。

南カリフォルニア大学の心理学教授、リー・トラビス博士は、五年間の研究室での実験の後に、人間はだれもが個有の思考波をもつということを、発見した。それらの形、振動数、振幅は指紋のように独特で、人物と照合することができる。

一九三六年、フランスの物理学者、ジヴレは、ヨーロッパ中を講演してまわり、人間の細胞の放射線を測る方法を実演した。たくみに設計されたガルバノメーターの助けで測定可能となった振動は、特に息と指先から流れ、これらの振動が強ければ強いほど、その個人の生命力は強い。からだや心を酷使したり、コーヒーやアルコールを飲んだり、あるいは寒さはこれらの身体放射線を減少させる。

これらの科学的発見のおかげで、どの愛の関係も、部分的にはふたりの波長の類似性にもとづくという考えが、新しく力を得た。この理論はカースト制による拘束とか、古代の部族の習慣にあるような結婚制度に新しい光を投げかける。動物界におけるつがいの現象についてもそれで説明がつくだろう。メスの鳥は同種のオスのなかから相手をえらぶ。けっして他の種類の鳥はえらばない。オスのライオンはメスのライオンに魅かれる。同じネコ属であってもメスのトラには魅かれない。これは動物のあらゆる種の体細胞は種特有の波長と振動数の放射線をもつということを示している。

もしこの原理を存在の他のレベルに適用するなら、さまざま風土、食物、風俗や習慣の影響の下にある、人類の多くの異なったグループもまたさまざまな波長と振動数の波動を放射するようになると は思えないだろうか？　ふたりの人間の波長が似ていればいるほど、どちらも相手の存在のなかに調和の度合いを大きく感じる。

カースト制が厳重に固定されているところでは、相手を自分でえらぶというようなことがない。アラビア、トルコ、パレスチナ、インドそして中国のような国で、今なお古い習慣にしがみついているひとびとにとっても事情はおなじである。そこでは親が縁組みをして当人たちは結婚するまではおたがいを見ることさえ禁じられている。しかしこれらの結婚の多くは、われわれに不運な状況と思えるような始まりだが、幸福なものである。なぜか? それは若いふたりは同じ部族であるだけでなく、同じカーストでもあるからだ。それで、何世代にもわたって、このような結婚をしたパートナーはたがいに調子を合わせあってきた。

たぶんアメリカに広く行きわたっている結婚生活の失敗は、ある程度まで、人口が非常にたくさんの異なる波長をもったさまざまな国々の出身者からなっているためだ。

人間関係の調和を支配する法則はまだ発見されていない。それは、たとえば、音楽で、微少なちがいが不協音となり、もっと広い幅で、たとえばちょうど一オクターブだと、和音となるというようなことかもしれない。色でも同じようなことがいえる。どの色もある波長をもつ。同じ色で明度の異なるふたつ、たとえば、朱色と深紅色のような、赤のふたつの色合いはおたがいを殺しあう。しかしまったくちがう色で調和する波長をもったものは申し分なくまざりあう。

完全に調和する放射線をもつふたりはおたがいに魅かれあうばかりでなく、時とともに、外見さえもおたがいに似かよってくる。逆に、ふたりの人間の放射線の調和が少なければ少ないほど、彼らはおたがいに反発するようになるだろう。

われわれは個人の波長をまったく固定した性質のものと思うべきではない。それが環境の影響を受けることはありそうに思える。また時の経過とともに変化するかもしれない。それゆえ、はじめはおたがいに反発したふたりが、時がたって、おたがいに慣れ親しんで、より良く調和するようになることも、不可能ではない。

というわけで、不幸な結婚をしたカップルに対して希望にみちた見通しをこの事実は与えるが、筆者の経験によると、最初からおたがいに調和している男女のほうが幸福な結婚の予想がある。事実、放射線は変化できるし変化する。調和は開発することができる。しかし個人の自然の性向のこのような変化を求めずにすめば、幸福の確率は高い。ふたつのタイプの関係のちがいは、慣れ親しんだカップルが長い別れの後ふたたび会ったときに、はっきりとみることができる。彼らはあたかも他人であるかのようにおたがいに失望を感じる。時間をかけることによってのみ、もう一度調和しはじめるのだ。

これらの説明はすべて、今までのところ、ふつうのひとにだけ適用できるのであって、未成熟なひと、情緒的障害のあるひと、または神経症のひとにはあてはまらない。子どもの頃の傷ついた経験、または恐怖は、どのように生じたものであろうと、ひとの発達を妨げ、彼または彼女の波動を変える。というわけで、あるひとがだれかに反感または憎悪さえ感じたとしても、永遠にこのひとたちの放射線が不調和のままだというようなことはなく、そうなのはこの情緒的遮断が存在するあいだとか、未熟な神経症患者でいるうちだけである。このようにして憎悪や嫌悪は情熱的な愛情に変わり得る。

神経症のひとは子どもみたいなものだ。彼らは特有の放射線を妨げている影響が克服されるまでは結婚すべきでない。ふたりとも神経症どうしの結婚はときどき初めのうちは満足すべきものであるようにみえる。だがどちらか一方が成熟すれば、ふたりの仲は疎遠になる。

未成熟なひとはからだの放射線が不規則に変動するので自分の愛情に信頼をおけない。だから、パートナーのどちらかが未成熟であるような結婚はどれも冒険である。成熟した人の身体の放射線は安定しているので彼らの情緒はより一定である。

からだの放射線が似ていることは愛情をひき起こす原因となる。べつに性的である必要はないのだが、やはり性に貢献する。というのは類似の波長をもったふたりであるかぎり、おたがいに調和し、それゆえに調和した体質をもった子どもを産み、そうして自然淘汰の法則を満たす。

これらのことは、愛情が十分に根拠のあるものかどうか決定をくだす以前に理解されているべきことだ。

ここでもういちど、おたがいに肉体的に魅かれあっている男女を仮定してみよう。彼らは必要な電位差をもっており、波長が合っている。だがおたがいに知的、感覚的または精神的には生き生きとしないし満足がゆかない。彼女は交響楽を楽しみ、彼はジャズしか好まないとか、彼は知的興味に喜びを感じるが、彼女はぜんぜん本も開かない。つまり、彼らには共通の趣味がない。この結婚は不幸と運命が決まっているのだろうか？

必ずしもそうではない！

たしかに、同じ趣味のひとをえらぶことは結婚関係において大きな助けとなる。ふたりの人間の共通する神経節細胞にもたらされるこのようなリラックスは、ある種の思考転移、活気と愛と幸福の気分を起こさせる。だから「精神的愛」は愛の選択をするときに無視されるべきではない。

だがわたしは肉体的愛がまったく性行為に関わるもので、それが満足させられるとともに消え去るものだ、という信仰には反対である。もし肉体的愛が、十分な性交であろうと単なるからだの触れあいであろうと、前の章で述べたように生体電気の十分な相互交換に時間を与えて、表現されるなら、愛は消えてしまわず、むしろふたりのあいだで高まるだろう。

愛の技巧は、現在人類のほんの少しの割合でしかこの技巧を味わうことができるひとがいないが、最高度の発展が可能である。「キリスト教は愛の神、エロスに、毒をのませた。彼がそれでは死ななかったのは本当だ。だが彼は悪魔に堕落した」（ニーチェ）

カップルが性的魅力にしっかり結びつけられている他は、ぜんぜん共通のものがなくとも、彼らの結婚は愛に精進することで救われるだろう。肌と性器は、よく発達した他のいずれの感覚器官とも同じくらい高度に、感じやすくさせられるだろう。それで愛はそれ自体ひとつの芸術となり得る。そのことはローマの有名な詩人であるナソ・オビデウスが彼の『アルス・アマンディ』（愛の芸術）で述べている。

この芸術は、トリスタンとイゾルデまたはロメオとジュリエットの時代にはよく知られていたが、今日ではほとんど忘れられている。しかしそれはわれわれの他のどの感覚よりも恍惚と歓喜とを与えることができるものだ。われわれはふかく愛しあっているふたりがおたがいの胸から流れ出るものよりなにか他の音楽を聴きたがったり、愛する人を見つめるよりなにかほかの絵を喜んだりすることとなど、ほとんで想像できない。このようなカップルは利己主義が清められておたがいをよろこばせることがよろこびとなっている。健康的な愛の選択はそもそも性的魅力に基づいている。完全な性的一致はカップルにおたがいに対する思いやりをもたらす。思いやりと、愛と利己主義でないことがすべての他の調和を導くことができる。

趣味を生かしたくとも、つれあいにそれが欠けているときには、他のみなもとでおきかえることができる。職業は緊張の要求をたいへん申し分なく満足させることができる。良い読書、研究、趣味、またはなにかの分野での組織的な実技なども同様だ。すでに述べたように、よくバランスのとれた社会生活を求めることもおすすめしたい。人間は群れをなす本能をもっていて、人間は相互関係を必要とする。家族だけですべてをまかなうべきではない。すぐにだれのどの考えもわかりすぎてしまう。外からの栄養が必要なのだ。カクテルやブリッジやファッション以外の興味をもっているような友人を選ぶならば、つきあいは刺激を与えて生き生きさせてくれる。

正しく相手を選ぶには、しっかり定まった愛なのか、それともつかの間の愛なのか見分けるために、じゅうぶん時間をかけるべきである。もしふたりとも成熟していて、おたがいに完全に調和するなら、もう彼らが愛しあっていることを疑う必要はない。これらは最初のうちからおたがいに魅かれあった人たちだ。

しかしこの上になお、結婚には情緒からの命令にしたがうような選択だけではなく、以下に述べる質問について考えることが要求される。

わたしはアルコールやダンスやその他の影響で調子づいて一時的な恋愛気分でいるのではないか？（もしそうだったら、偶然のパートナーに感じたその愛情を信じてはいけない。それは愛というよりは多かれ少なかれ無意識的な性的緊張のリラックスの欲求だ）

わたしは習性的な条件反射の影響から自由だろうか？　またはわたしのパートナーに対する感情は、明白な理由なしに、かんたんに変わるようなものだろうか？　もしそうだとしたら、たぶんわたしの相手がわたしに意識的にか無意識的にか、わたしの家族の好きなひととか、親友とかをおもいださせるのだろう。だから相手が、わたしの好きな人とちがうところを見せたら、わたしの愛は減少してしまうだろう。

わたしのパートナーは、わたしの性器だけに緊張からゆるみたい欲求をおこさせるのだろうか。それとも感覚の全領域と、知的精神的なところでもまた、わたしをリラックスさせることができるだろうか？　もしわたしたちのうまくやっていけるものがもっぱら性的なところであれば、わたしのパートナーは他の領域で果たされなかったリラックスをうめあわせるためには完璧な愛の達人でなくてはならないし、そうでないとしたら、他のひととのつきあいで、それらの欲求は満たさなくてはならない。

わたしはひとの外観だけに刺激されていないか？　もし答がイエスなら、そのときは気をつけなさい！　美それ自体によって初めの段階だけはホルモンの分泌が刺激されるが、しかしそれがやんでしまえば、たとえ絶世の美女といえども他に資質がなければ、たいくつきわまりないものとなる。

第一〇章　要約

概要（助言、質疑応答）

パートⅠ
愛と性と結婚生活についての50の指針

これらは普通一般の状況に適用されるが、それぞれに例外がある

(A) 幼年期

1 どの母親も子どもを最低三カ月間めんどうをみなければいけない。

2 どの子どもも最初の一年間は、最低一日につき一時間は肌を母親に触れさせなくてはいけない。

3 思春期前の子どもはできれば毎日、少なくとも週三回は朝か夕方に最低一時間母親のベッドに入れてやるべきだ。

4 どんな幼い子どもでも、愛と性についての子どもからの質問にはできるだけ率直に答えてやらなければいけない。誕生と性についてウソやごまかし、おとぎ話は、なされるべきでない。「コウノトリ」の話はだめ。

5　思春期以前に異性の裸を自然なやり方で見る機会をもたせてやるべきだ。

6　マスターベーションをすると恐ろしいことになるとおどしたり、罰を与えたりしてはいけない。できるだけ自分をコントロールして、興味とエネルギーにほかの出口をつくるよう、まじめで友好的なやり方で助言してあげなさい。

7　子どもの心に性へのおそれをつくりあげないよう注意しなさい。恥ずかしいものだとか、病気になるとか、妊娠にたいするおそれとか。健全な性生活には、否定的でなく肯定的な調節方法が必要です。恐れをそそぎこむことで子どもの自然な性の衝動をおさえこむようなことは避けなさい。彼らが自身を理解し、自分の責任感を築きあげるよう助けてやりなさい。

8　最上の教育的効果は家庭と学校で、強固な意志でもって、しかもそれが愛情と自制とむすびついたときだけ得られる。愛情なしに扱われた子どもたちはエネルギーと意志の力、包容力を失う。彼らは怠惰で強情で反抗的になる。

9　愛情の問題について気軽に恐れずうちあけられる親密な友人、と子どもたちが認めるような接しかたをしなさい。

(B)　結婚前

(両親に)

10　あなたの息子が恋におちたら、相手の少女をできるだけ何回も家に招いて彼女の性質についてあなた自身の判断をし、そのことを息子とおだやかに偏見なしに議論しなさい。あなたの娘にも同じようにしなさい。

11　もし若い恋が結婚のことを考えるまで熟したなら、未来の息子または義理の娘の中学校や高校の先生たちと接触して、教え子の性格について意見をきくようにしなさい。

〈婚約したふたりに〉

12　最少限六カ月間つきあわないうちに結婚するべきではない。できるなら休暇を同じ場所ですごすか、いっしょに旅行してあなたとの相性を試してみなさい。

13　未成熟な人と結婚するのは用心しなさい、両親にまだ強く影響されているひととか両親をふかく愛しすぎのひととかに。

14　ぜひ結婚の前にフィアンセの両親や親戚を、できるだけ知っておいてください。

15　女の人は性のことについてよく教育されていない男性と結婚してはいけません。

16　相手をつくりかえてやろうと期待をもっているような利己的な人とは結婚してはいけない。もし結婚前にこのつくりかえができないようなら、そんな計画はあきらめたほうがよろしい。

17　約束をいつも守れないようなひと、事実に面と向かえないような弱い性格のひと、お酒やかけごとで現実から逃れようとするようなひとと結婚するのは賢くない。

18　幼児期が不幸だったひとと結婚するのはたいへんな冒険である。

19　少年っぽい女の子や女の子みたいな男の子は、もっと自身の性に近くなるまでお互いに結婚しないほうがいい。

20　ひとり息子と結婚する女性は、過敏で自己中心的な男の母親代理になることを期待される危険がある。ひとり娘と結婚する男性は甘やかしすぎの父親と競争することが期待される。

21　興味があまり違いすぎると結婚に支障をきたす。

22　手をにぎったりキスする楽しみが大きな喜びになり、性的な欲望をかきたてるようにならないうちは結婚するべきではない。

23　口紅をぬった唇でキスするのは十分な接触をさまたげ、不満足にする。

24　同じ氏族・種族・国民性のひとたちどうしの結婚はバックグラウンドが違うひとたちよりも成功するようだ、だからあまりあなたと異なる国民性の相手は選ぶのを避けなさい。

25　愛情の本能が多かれ少なかれ未発達の女の子と恋におちた男性は、最大限の忍耐と機転と繊細さを必要とする教育的作業を引きうけなければならないことを、はじめから自覚しておくべきだ。彼女が彼についてじゅうぶん安心感を覚えられ、どのようにも強制されることがない確信を得られるまで――そして彼女が自分から望まないうちは――彼はほんの一瞬のキスでも盗もうとしてはいけない。

26　上記のどの条件もうまく合っていて、強くおたがいの欲求でひかれあっているカップルがしようがなくて結婚を数カ月または数年間、延期しなければならないような場合、彼らは性的欲求をかきたてないよう意志の力をつかわなければならないし、内部の葛藤を解消するようにしなければならない、そうでなければ、どちらの相手も時とともに神経症になるかもしれないし、お互いに遠ざかるようにさえなるだろう。

(C) 結婚後

27 もし内気で無知な女の子と結婚したなら彼女がそうしてほしいと願うまで性的に接近しないべきだ。彼の裸をみるように強いてもいけない。彼女を誉めたり愛撫してやりなさい、しかし自分の望みは彼女にしたがわせなければいけない。花嫁の性の欲求がおきてくるまで、それは数時間、数日間あるいは数週間かかるかもしれない。彼女の太ももの内側とか上のほうに触れるのはいいが、性器に触れてはいけない。このとき不用意に精液を放出すると彼女が不快を感じるということを心にとめておくこと。

28 クリトリスに触れることは、たとえ相手がのぞんでも避けなければいけない。花嫁はヴァギナの性欲へ成熟することを学ばなければならない。

29 ヴァギナがじゅうぶん濡れてから性交するべきだ。それ以前はぜったいにいけない。

30 性交の間、ほかのことはほうって全部の注意を性交に集めていなければいけない。完全にリラックスし、おしゃべりしてはいけない。

31 うまくいくには夫も恋人も少なくとも半時間、射精を延ばせるようにならなければいけない。だんだんにこれを学ぶには平均して六週間かかる。射精をじゅうぶんコントロールするのにいちばんいい方法は、挿入の前にふたりの性器を半時間触れあわせることをするといい（動かず、いれないで）。半時間以上ヴァギナの中でうごいても射精をコントロールできるようになったら、もう準備の「戸外の位置」をとる必要はないから直ちに完全な結合からはじめてよろしい。

32 もし、はじめのうち男性が性交の間ずっと勃起させておくことができなければ、そのために性交の時間をへらすことはしないほうがいい。そのかわりふたりの性器をぴったり半時間たつまでくっつけていなさい。

33 奥さんは男性の性器がすごく神経質でそれ自体が独立した生命といったものをもっているということを心にとめておきなさい。もし彼女がそれに反感を示したらどんなに器用に事実をかくそうとしてもこの器官は彼女に反応するのを拒むだろう、たとえこの持主がふかく彼女を愛していて彼女を所有したい気もちでいっぱいであっても。

34 挿入が半時間以下で終わってしまったら、一時間以内にもういちどくりかえされなければならない。そのようにして射精のコントロールの要求がよりうまく満たされる。もし性交が半時間以上つづけば、若いカップルでさえ、五日のあいだはくりかえしてはならない。一時間つづけば一週間もつ、二時間なら二週間、三時間なら三週間。

35 性交のあいだ男性は妻にのっかってはいけない。愛のヨガ六カ条で述べた位置のどれかをとりなさい。

36　週に二回は夫と妻は愛のヨガ六カ条に述べてあるのに従って、少なくとも一時間ベッドで「閉じたペンチの位置」をとるようにしなさい。

37　どんな状況であってもゴムとか魚の皮の避妊具は避けなさい。性交中断法もされるべきでない。医学的理由で妊娠を避けなければならないとして、唯一の自然な避妊法である「周期法」が、月経が不順のために、用いられない場合には、妻が医者に合わせてもらってペッサリーをつけるか、または「体温表」法をつかうかしなければならない。

38　性について軽々しくしゃべったり、冗談に扱ったりするひとたちは、性的なことがらについて低い文化程度しかもたないことをあらわしている。

39　結婚したふたりは両親や親戚たちとは離れて、自分たちの生活をきずきあげなければいけない。たとえ経済的に援助してやると申し出があったとしても、断固として両親といっしょに住むことは避けるべきだ。

40　結婚しているふたりが不親切で不寛容で批判的すぎるとか、怒りっぽい、意地悪、何もないのにイライラするとかそんなときの多くは、何もないようにみえる裏に性的不満足がある。

41　愛の能力を築くことはそれ自体が芸術だ。しかしほかのどの芸術とも同じようにたえず育て、訓練し、制御されなければならない。結婚したひとたちが犯すいちばん大きくていちばん損害を与えるまちがいは、結婚してしまえば求愛や慎しみは不必要でやめてしまってもいいと信じていることだ。

わたしたちのからだの細胞が満たされる必要があるように、感情もたえず栄養を必要としている。パートナーの愛情を刺激し調和させること、いいかえればお互いの官能をよびおこすことが肝要だ。結婚したパートナーどうしがいちばん必要なのはこのような相互の刺激だ。もし彼らが家の中において、衣服とか清潔、テーブルマナーとかふだんの行ないとかが、ぜんぜん美的でない習慣で「投げやり」的になされるなら結婚生活は魅力のない退屈なものになるだろう。

42　感情に対してはだれにも責任をもたせることはできないということがいつも忘れられている。さめていく愛についての非難は不合理であるし、危険でもある。愛情は自発的なもので強制されるべきものではない。

43　愛は愛を生む。もし妻が非難やいがみあい、けんかなどでイライラしていたら、夫が彼女に性的に反応してくれるよう期待するのは無理だ。

44　愛の第一番目のルールは愛他主義だ。それは自己中心と悪い気性とたたかうことを学ぶことによって最愛の人の欲求と気分、望みを感じれるような想像力をきずきあげることによって得られ、保持できる。

45　勉強、スポーツ、しごとにおけるすべての気どり、すべての競争、すべての闘争のそもそものみなもとは愛をもとめる切実な、しばしば無意識の欲求で、それは尊敬とか高評とかいう形であらわれる。しかし時がたつとともに本来の動機、すなわち愛をもとめていたことは、忘れられて、権力や金銭への野心それ自体が、目標となって残るのである。

46　つれあいを批判するまえにまず自分自身にたずねなさい。わたしは完全だろうか？　そして思い出しなさい、ひとの習慣や態度をかえてやろうと攻撃的に試みたり、するどい非難の声をあびせたりすることが、強情や敵意をかきたてることになってしまいがちだということを。親切な行為や愛情のほうが、求めている目標をとげることが多いということを。つれあいの性質を、もとめる方向に発達させるにはすでにそれがあるかのようにふるまうといい。うそつきに「おまえはうそをついている」というのはむだだし、危険でもある。しかし「信じてるよ」ということばはたびたび、うそつきがそれに恥じない行動をしようという野心を促す。

47　強いが満たされない性的欲求をもった女性とか未亡人、離婚とかほったらかされた妻たち（特にもし更年期をすぎている場合）には一晩おきに寝るときにあたたかいお風呂にきもちよく横になって一〇分から二〇分間、温水の灌注法をするとしばしばすばらしい結果を得ることができる。このやりかたはお風呂の蛇口にゴムのチューブをぴったりくっつけることでかんたんにできる。たえまない湯の流れがからだじゅうの緊張をとりのぞき、リラックスと平和のうちにいるのがわかるだろう。直後に寝るなら彼女はどんな薬ももちいず眠れるだろう。灌注している間、じぶんのヴァギナに起こる感覚に注意を集めなさい。しかしオーガズムがこのやりかたの本質的な部分ではない、もしそれが起こっても、ほうっておくとか、とにかくそれが灌注の目的だとはおもわないのがよい。

48　女性ホルモンはときどき、一般に更年期にともなう障害をやわらげるのに処方される。男性ホルモンに、ほんの少量の女性ホルモンを合わせるとより効能のあることは今では多くの医者が知っている。

49　病気と満たされない愛の欲求との間には深い関係がある。愛情について本当の理解と表現がもっとひろく一般になされるなら、病院も医者もそうこき使われなくてすむだろう。

50　胸と心をひらきなさい

悩み苦しむ不幸なひとたちに。

希望と勇気をうしなわないで

あなたの魂に太陽を抱え、あなたの両足で

あなたの運命の道をあるきなさい。

（よみびとしらず）

パートⅡ

質疑応答

(1)**問**　妊娠中の性交は許されますか？

答　はい、陣痛のはじまる四週間前までで、勧めている体位で性器を清潔にして注意ぶかくなされるならいいでしょう。妊娠四カ月までは、とくに月経予定の期間、いかなる性交もさけるべきだ。流産はこの時期によくおきる。

(2)問　出産後はどれくらい性交を避けなければいけませんか?

答　出産後四〜六週間たったらしてもよろしい。

(3)問　人類の性生活において重要であると思われる性病について述べられませんでしたが、なぜですか?

答　医者は(この分野専門の)伝染性の性病を二種類扱います。淋病と梅毒です。新しい発見のおかげで、早期に治療すればみじかい時間で直すことができます。もしわたしの本の真髄を理解してくれるなら、そのような病気にかかることはたぶんないでしょう、なぜならそのひとは乱交や売春婦やぐうぜん知った相手との軽薄なあそびを避けるだろうから。

(4)問　人間の性生活がもし死んでしまったらどうすべきでしょう?

答　たいていの場合、ひとの性的欲求がないのは、死んでいるのではなくて眠っているからです。絶望のためとかほかの原因で、性器への神経の信号がふさがれているのです。長い休眠状態のあとで性の衝動にふたたび点火するのは時間がかかります。しかし、弱い筋肉が計画的に訓練することでじゅうぶんな能力に達するのと同じように、やさしくセックスプレイをすすめていくことでパートナーのうちに欲望を目覚めさせ興奮させることができるでしょう。ときには女性のパートナーが何回かイニシアティヴをとらなければならないこともあります、相手の性ホルモンがもういちど申しぶんなく作用しはじめるまでに。

(5)問　ホルモン注射で性欲を起こさせるべきでしょうか？

答　はじめのうちだけ、たぶん一回か二回。しかし定期的には、やらないほうがいい。それに人工的なホルモン投与には自然な性腺の分泌を不用にして腺をはたらかなくする危険がある。

(6)問　長いあいだ禁欲するのは害がありますか？

答　生気と活気を保証する最善の方法は、性生活をうまく定期的におこなうことです。それは性ホルモンの生産を刺激し、からだの緊張をリラックスさせます。しかしもし環境がこれを長い間妨げるようなら、解決されない緊張をやわらげるために仕事とか勉強、芸術の追求、スポーツなどほかの活動に性エネルギーの使いみちを増やして昇華させなければならない。

(7)問　どのような職業のひとが恋人としてもっともだめですか？

答　K・ウォーカーの『性の生理学』に正しい答がみつかるでしょう、それはわたし自身の経験にも一致します。「詩人、音楽家、美術家といった感情と感覚的印象が重要な役割をしめるひとたちのあいだではふつう性がより活発です。一方、科学者、哲学者、知識人たちは最低線のあたりにみられます。もっと驚くべきことには、スポーツ、競技、試合など運動をする生活がかわいそうな恋人たちをつくることだ」(われわれの意見では驚くにあたらない、なぜなら昇華しすぎると性エネルギーがなくなってしまうからだ)。

(8)問　長い間の性の習慣をこわしてあなたの方法に従わさせることについてどれくらい期待できますか？

答　多くのケースにおいてわれわれはそれを期待します。というのはどの分野においてもまじめな訓練をしないで熟練者になることが期待できますか？　性のやりかたを正すのを学ぶことはむずかしいがやりがいのあることです。

(9)問　子どもと同じ寝室で眠っている夫婦がじゃまされず性行為に集中するにはどのようにすればいいでしょうか？

答　われわれはただ満足のいく性生活についての原則を提供できるだけです。その応用はカップルたち自身が解くべきです。が、望みのあるところ道ありです。週に一度夫婦が自分たちだけのじゃまされない時間をみつけることができるでしょう。子どもの世話をしてくれるひとがみつかるでしょう。

(10)問　あなたのおっしゃるような理想的な方法で育てた女の子が同じような性質をもった相手をみつけられる機会があるでしょうか？

答　両親は同じような傾向のひとたちから友人を選び、混乱した家からの遊びともだちから避けるよう指導すべきだ。このようにすればお互いに仲良くやっていける相手はずっとみつけやすくなります。「もしわたしたちが子どもに愛すること、尊敬することと善と美を求めることを教えるなら、彼らは同じような女性や男性を求めるでしょう」とアルバート・E・ウィガムはいっています。また、ウィリアム・ジェームズが述べているように、「教育の最終目的はいいひとにあったときにすぐにわかるようにすることだ」。

(11)問　女性のひと月ごとのサイクルで性の欲求のいちばん強いのはどのあたりですか？

答 二千人をこえる女性の性の欲求を研究したK・デービス博士によれば、いちばん強いのは月経の二日前から、月経後一週目の間にだいたいあるようです。

⑿**問** あなたは人類の性関係について新しい手引を発表されました。あなたの説明のなかで新しいところはどこですか？

答 新しい手引を構成している考えが十一あります。この考えは今までのところでは、科学的な調査研究より論理と実際の経験にもとづいています。

1 高度のオーガズムを得るためにはクリトリスの感覚をすて、ヴァギナの感覚を促進させること（はやくはフロイトによって述べられたが彼以外の性の専門家はたびたび反対の助言をあたえた）。

2 性交については、より重要でよりよろこばしいものとして、ふたりのパートナーのあいだの生体電気の交換を強調している（二つの異なった生体電位のあいだの平衡は、完全にからだをゆるめることとともに、約半時間性交をつづけることで達せられる）。

3 性関係での成功の大敵であるコンドーム使用に対する警告。コンドームは性器をへだててふたりのパートナーの間の生体電気の交換をさまたげるし、同様に口紅も愛のキスのじゃまをする。結果は緊張だ。

4 体位として横位置を推せんしている（愛のヨガ六カ条で述べた）。これにより何時間でも完全に性器をふれあわせて十分にリラックスして横になれる。女性の上に男性がのるやりかたへの警告、ふつう文明化された人たちの間で用いられているが性交はほんの数分で終わってしまう。

5　同じ波長の重要性、ふたりのからだの放射線の振動数と振幅が共感と引きつける力の大きな理由のひとつだ（彼らが神経症に妨げられているのでないなら）。手をにぎりあって楽しい感情がおこるならふたりは、お互いに調子が合っている。

6　「プラトニック・ラブ」を精神的なものでなく、肉体的なものとして考える。わたしは「プラトニック・ラブ」を性交なしの皮ふの接触だけでおこなうふたりの生体電気の電位差の交換だと考えています。プラトンの『饗宴』のなかでのソクラテスとアリストファネスの対話をよく読むとわたしの意見が正しいとおもわれるでしょう。

7　性交の回数について。性交が三〇分つづいたなら五日間はしないこと、一時間なら一週間（生体電気のじゅうぶんな充電には時間がかかる）。やりすぎれば精子細胞の生産を使いはたし、性ホルモンの生産を減らす。

8　「ほんとうの」同性愛を肉体的変化によるものとして説明した。どんなひとも普通は異性のホルモンをあるていど持っているものです。本来の性ホルモンの量が減り、異性ホルモンの量が増えすぎる結果として生体電気の変化がおこり、それが同性へと駆りたてるのです（非常に理論的説明）。

9　肉体的な見地から「愛」を説明していること。われわれの細胞から緊張をのぞき、リラックスさせるものをわれわれは愛する。もしこの必要が満たせなくなると、もはや彼を愛しはしない（哲学的考察）。

10　性的魅力の主な理由についての仮説。

(a)成熟した雌雄の性細胞がむすびついてそれぞれにない方の染色体をえようとする本来備わっている欲求。
(b)性ホルモンの相違。
(c)雌雄の生体電気の電位差。
(d)波長が同じであること。

11　そして最後に、たいせつなことですが、神経症ではなく単にからだの緊張としての神経衰弱については、からだ全体の生体電気の過充電が原因です。調子の合うひとと長時間、からだを接触させることで得られる驚くべき治療的効果は、この確信を支えている。

訳者あとがき

本書は Rudolf von Urban, M. D., *Sex Perfection and Marital Happiness* (New York: The Dial Press, Inc., 1949) の訳である。

こんど訳をしながら感じたことは、時代がかわっても、知識はつみかさねられることなく、つたえられることもなく、かえって断片化され、退歩している、ということだ。若いひとたちの性についての知識は、中川五郎の青春小説がわいせつだということで雑誌『フォーク・リポート』が押収された一九七一年二月よりもまずしくなっている。くわしくは中川五郎著『裁判長殿、愛って何？』(晶文社、一九八二年)を見てほしいが、わたしたちの幸福にとって、性の問題をきちんとおさえておきたいということが中川五郎の意図だったとおもうが、検察官は証人にむかって「これをあなたのお子さんによませることができますか」ときいたものだ。

よませることができるどころか、少年少女から、中年、老年にいたるすべての世代のひとびとに、積極的にぜひ読ませたいとおもうのが、フォン・アーバン博士のこの本だ。世の中に性についての情報があふれているように見えても、それらは断片的な知識ばかりで、かえって何の役にもたたない(役にたつためには情報が構造化されていなくてはならない)。性についての関心も、性器に局部化されている。局部的におしこめられているかぎり、性は解放の契機にもならないし、個人の幸福のみなもとにもならない。そこからの脱出の手がかりとして、フォン・アーバン先生は『愛の六カ条』を提案し、全人間的な、身心一体の感覚としての性をとりもどす努力をたすけようとしている。

ルドルフ・フォン・アーバンは一八七八年頃に生まれ、一九〇四年にウィーン大学で医学博士号をとった。専門は心理学、精神医学、そして性科学。世界を二周し、中近東や中国に住んだことがあり、未開人の性生活を研究し、ヨーロッパの諸大学で講義した。一九三六年にロサンゼルスにまねかれたのがきっかけとなって、米国人の性関係に深く関心をいだき、一九四三年に市民権をとる。カリフォルニア大学の心理神経診療所に四年いたのち、この本を書くために退職して、カーメルへ引きこもる。それほど、この本はたいせつなしごとであった。

彼が少年のとき、彼のおじさんは画家であり、その友人である文学者ピエール・ロティや、作曲家ジュール・マスネたちから、たっぷり、ヨーロッパ芸術の最善の部分にふれることができた。この感覚的訓練が、彼の人格的統一と、性を全人間的なものと見ることに役立っているとおもう。さらに、ひろい人類学的観察により、ヨーロッパ人のおちいりがちな袋小路にはいることからさけられたとおもう。

もちろん彼の時代的制約からして、女の役割についての彼の考えには不満の読者も多いかもしれないが、あせらずに、フォン・アーバン先生の真意をくみとるとか、すくなくとも、ぬすめるところはぬすんでほしい。いまの世の中の混乱は、あまりにも急激に、いままでの伝統・宗教・文化みたいなものがこわれ(ざるをえなくなり)、その結果、男も女も、自分の役割みたいなものがわからなくなってしまった。安定的だった昔風な生き方にもどることは、フォン・アーバン先生がいくらすすめてもできなくなってしまったので、これからは、読者個人の創意工夫による腕の見せどころです（そのときに、いままで古いといってバカにしていたものが、あんがい役にたつことが多いかもしれない)。また最近は活元運動やTMなど、いろいろリラックスの方法も知られてきた。

《愛のヨガ》ということばにはじめて出会ったのは、一九六二年に出たオールダス・ハクスレー最後の小説『島』(片桐ユズル訳、人文書院、一九八〇年)のユートピアをささえる、ひとつのたいせつな柱としてだった。だが、『島』のなかでは愛のヨガの具体的な方法はわからなかった。しかしハクスレーはエッセー集『アドニスとアルファベット』(未訳、一九五六年)の「付録」で、古今東西の愛のヨガについて概観し、その現代版としてフォン・アーバン博士の本書『性の完成と結婚の幸福』をすいせんしていた。また、一九五五年に出たハクスレーの小説『天才と女神』のひとつのポイントは性交による生体電気の交換であるようにおもえた。これらに触れたのは一九七〇年のことであった。

ひとりでも多くのひとに知ってほしいとおもい、性交の具体的方法六カ条と、ハクスレーの「付録」を訳して、自分でタイプをうち、自分で輪転機をまわして、一九七一年二月に『愛のヨガ』というパンフレットをつくった。これはのちに『名前のない新聞』にさらに事例もつけ加えられて連載された。当時すでにウィルヘム・ライヒの『オーガズムの機能』は訳されていたし、性感帯を刺激して電流を計ることもそこに書かれていたとおりだが、フォン・アーバン博士の生体電気のかんがえは、ライヒよりもっと先を行くものだと自分でいっている。ライヒの本をよむと、たいていのひとは自分のオーガズムはだめなオーガズムだということがわかり、落ちこむが、「六カ条」をよむと、射精とかオーガズムとか局部にそれほどこだわらずに、ゆっくりやったらいいということがわかって多くのひとが気がらくになった。

自分はライヒをこえている、という著者の発言は、じつは、第五章の追記というかたちであるのだが、この部分は専門的科学的で手におえず、省略した。しかし生体電気について深く知りたい読者のために文献だけあげると――

(1) Hans Molich, *Leuchtende Pflanzen* (Jena, Germany, 1912).
Max Verworn, *Allgemeine Physiologie* (Jena, Germany, 1915), Chapter III, "Production of Light."
(2) "Electricity from Hair Sets off Photo-Flash Tube," *Science News Letter*, November 20, 1948.
(3) Harry Benjamin in *The Urology and Cutaneous Review*, vol. 47, 1943.
(4) *Science News Letter*, May 3, 1947, "Electricity of Human Cells."
(5) Wilhelm Reich, *The Function of the Orgasm*, Orgon Institute Press, 1942. pp. 326–337.

さいきんのことばでいえば「バイブレーションがあう」とかいうのは、直観的に、かなり、フォン・アーバン先生が生体電気ということで説明しようとしていることに近いのだろう。とにかく、からだのことは、経験的にはわかっていても、科学的説明ができないことが多い。しかし科学的説明ができないからといって、そういった経験的事実が存在しなかったことにはならない。そういった意味でクリトリス・オーガズム対ヴァギナ・オーガズムの不毛な論争にもまきこまれたくない。すくなくともいえることは、フォン・アーバン先生のやり方には危険はともなわない、ということだ。

世の中ぜんたいが幸福にならないうちは、個人の幸福はありえない、ということもほんとうのようだが、同時に、幸福を知ったひとでなければ、幸福な社会をつくることはできない、ともいえる。幸福の経験のないひとが使命感にもえていっしょうけんめいやると、それはしばしば、ファシズムの大衆心理のように、とんでもない方向へひっぱって行く。性的に幸福なひとは、そういうことに対して抵抗力があるだろう。ちょうどハクスレーの幸福な『島』の住民が、オートバイやテレビや近代化工業化に興味がないように。

この翻訳は第一〜四章を佐藤由美子さん、第七〜一〇章を山下佳代さんにたすけてもらうことで、はじめて可能になった。「愛のヨガ六カ条」を『名前のない新聞』に連載して、当時のカウンター・カルチャーにひろめてくれたのは浜田光さんの功績で、それが土台となり、野草社のスタッフや島田れい子さんの好意と努力によって、本としてできあがりました。みなさんに感謝します。

片桐ユズル

一九八二年四月八日

著　者

ルドルフ・フォン・アーバン（Rudolf von Urban）

1879 年，オーストリア生まれ。1904 年，ウィーン大学で医学博士号を修得する。専門は心理学，精神医学，そして性科学。

1936 年，渡米。アメリカ人の性関係に深い関心を示し，1943 年に市民権をとる。カリフォルニア大学の心理神経診療所に 4 年間所属した後，本書執筆のためカーメルへ引きこもる。1964 年没。

訳　者

片桐ユズル（かたぎり　ゆずる）

1931 年，東京生まれ。京都精華大学名誉教授。

主な著書，『意味論入門』『片桐ユズル詩集』（以上，思潮社），『ほんやら洞の詩人たち』（共著，晶文社），『精神療法と瞑想』（共著，JICC 出版局）ほか。

主な訳書，『ボブ・ディラン全詩集』（共訳，晶文社），マイケル・ゲルブ『ボディ・ラーニング』（共訳，誠信書房），オルダス・ハクスリー『多次元に生きる』（コスモス・ライブラリー）ほか。2023 年没。

新装　愛のヨガ

1982 年 4 月 30 日　第 1 版第 1 刷発行
2019 年 8 月 31 日　新装版第 1 刷発行
2024 年 4 月 10 日　新装版第 2 刷発行

著　者＝ルドルフ・フォン・アーバン
訳　者＝片桐ユズル
発行人＝石垣雅設
発行所＝野草社
東京都文京区本郷 2-5-12
TEL 03（3815）1701 ／ FAX 03（3815）1422
静岡県袋井市可睡の杜 4-1
TEL 0538（48）7351 ／ FAX 0538（48）7353
発売所＝新泉社
東京都文京区本郷 2-5-12
TEL 03（3815）1662 ／ FAX 03（3815）1422

印刷・製本／萩原印刷

ISBN978-4-7877-1984-3　C0095